数字经济系列丛书

数字化时代企业知识管理案例研究

王连娟　田烈旭　姚贤涛　编著

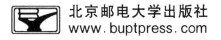

北京邮电大学出版社
www.buptpress.com

内 容 简 介

在数字经济时代,知识和知识管理的作用尤为突出,成为影响个人、企业乃至整个国家竞争力的关键。数字经济大大拓展了知识管理的边界,知识管理不限于对企业内部知识的管理,且它的管理对象突破了单一企业的局限。企业外的个体、团队的知识均可能成为某企业知识管理的一部分,例如,通过用户生成内容生产模式(user generated content)得到的知识,企业外部用户的知识成为企业知识生产的重要来源之一。本书共有 6 个知识管理案例,其中有 3 个是传统企业知识管理案例,3 个是互联网企业知识管理案例。

该书可供企业的知识管理者和知识工作者、数字出版和新媒体领域的管理者和知识工作者、高校知识管理领域的师生等阅读。

图书在版编目(CIP)数据

数字化时代企业知识管理案例研究 / 王连娟,田烈旭,姚贤涛编著. -- 北京：北京邮电大学出版社,2020.4(2020.11重印)
ISBN 978-7-5635-5984-8

Ⅰ. ①数… Ⅱ. ①王… ②田… ③姚… Ⅲ. ①企业管理—知识管理—案例 Ⅳ. ①F272.4

中国版本图书馆 CIP 数据核字(2020)第 012401 号

策划编辑：彭　楠　　责任编辑：徐振华　王小莹　　封面设计：七星博纳

出版发行：北京邮电大学出版社
社　　址：北京市海淀区西土城路 10 号
邮政编码：100876
发 行 部：电话：010-62282185　传真：010-62283578
E-mail：publish@bupt.edu.cn
经　　销：各地新华书店
印　　刷：北京九州迅驰传媒文化有限公司
开　　本：720 mm×1 000 mm　1/16
印　　张：11.5
字　　数：234 千字
版　　次：2020 年 4 月第 1 版
印　　次：2020 年 11 月第 2 次印刷

ISBN 978-7-5635-5984-8　　　　　　　　　　　　　定价：56.00 元

· 如有印装质量问题,请与北京邮电大学出版社发行部联系 ·

前　　言

著名管理学大师德鲁克曾预言:"知识工人是组成新经济的个体,在这种新经济中硬通货是知识。"德鲁克从提高企业效益的角度指出知识的重要性。在知识经济不断深化发展的浪潮中,如何实现对知识的管理,尤其是对知识工作者的管理,成为广为关注的热点,其重要性是不言而喻的。进入21世纪后,信息技术、生物技术等高新技术的迅猛腾飞,标志着知识的创造、转移和利用成为新经济的核心动能,一项创新发明催生一个新行业,一个商业创意颠覆一个传统行业……知识正在以前所未有的速度更新和改变经济的形态。

在数字经济时代,知识和知识管理的作用尤为突出,成为影响个人、企业乃至整个国家竞争力的关键。数字经济大大拓展了知识管理的边界,知识管理不限于对企业内部知识的管理,它的管理对象突破单一企业的局限,企业外的个体、团队甚至其他企业的知识均可能成为某企业知识管理的一部分,例如,通过用户生成内容模式得到的知识中企业外部用户的知识成为企业知识生产的重要来源之一。本书梳理了6个知识管理案例,其中,3个是传统企业知识管理案例,3个是互联网企业知识管理案例。

案例一:北京××设计研究院的知识编码。

案例二:北京未来广告公司项目团队中的知识管理。

案例三:基于知识供应链和知识价值链的京东方知识管理。

案例四:网络环境下的知识付费研究:以"知乎Live"为例。

案例五:百科类用户生成内容模式的影响因素研究:以百度百科和维基百科为例。

案例六:网络问答社区"潜水者"研究:以"知乎"为例。

本书的前三个案例属于企业中的知识管理案例,这3个案例谈及3个企业中的知识编码、隐性知识管理、知识价值链等问题。"北京××设计研究院知识编码""北京未来广告公司项目团队中的知识管理"两个案例均基于一手访谈资料和公司的相关文本资料写作而成,而"基于知识供应链和知识价值链的京东方知识管理"案例基于二手资料写作。

本书中的后三个案例属于外部用户参与知识生成、知识分享的知识管理案例。在互联网经济时代,知识分享的成本大大降低,信息的可获得性大大提高。企业客户不仅仅是企业产品的使用者,同时还可能为企业产品的生产做出贡献,甚至可能是企业产品的直接生产者。尤其在互联网内容生产模式中,用户内容生产已经成为社交媒体企业内容生产的一种重要形式。在本书中,我们选取了百科类企业(如百度百科和维基百科),探讨百科类用户生成内容模式的问题,我们还选取了知识社区类企业(如"知乎"),探讨了知识付费问题。我们还选取了案例——网络问答社区"潜水者"研究:以"知乎"为例,探讨了"知乎"社区网络"潜水者"的行为,同时通过 Python 语言爬取"知乎"平台相关资料,分析了"潜水者"的行为特征,为平台提高用户黏性提供参考。

  本书的出版是北京市教委科研计划面上项目"北京出版企业创意管理研究"(SM201410015001)的阶段性研究成果。在本书的编写过程中,卢彦强、姚久花、王昊天、蔡冲、仰小蕾、周宪明参与了案例的撰写工作;吴佳、吕思蒙、高翠瑶参与了案例的整理和统稿工作;北京建筑设计研究院王左总经理、刘斌总工程师、姜涌总工程师,北京未来广告公司的管理人员及工作人员在案例调研中提供了大量支持。作者在此感谢以上人员对本书的贡献,当然,本书中的不足之处均由作者本人承担。

作 者

目 录

第1章 北京××设计研究院的知识编码 ·········· 1

1.1 知识编码 ·········· 1
1.1.1 知识编码的工具 ·········· 1
1.1.2 知识编码的策略 ·········· 2
1.1.3 编码策略与组织绩效之间的关系 ·········· 2
1.1.4 知识编码的应用 ·········· 3
1.2 北京××设计研究院知识编码案例研究 ·········· 4
1.2.1 北京××设计研究院知识管理现状 ·········· 4
1.2.2 北京××设计研究院知识管理系统的建筑类指标和非建筑类指标 ·········· 8
1.2.3 研究结论与展望 ·········· 27
本章参考文献 ·········· 29

第2章 北京未来广告公司项目团队中的知识管理 ·········· 34

2.1 项目团队知识管理 ·········· 34
2.1.1 团队 ·········· 34
2.1.2 促进团队知识管理的方法 ·········· 44
2.2 北京未来广告公司项目团队中的知识管理案例研究 ·········· 50
2.2.1 项目团队隐性知识管理内容 ·········· 51
2.2.2 项目团队隐性知识管理制度支持 ·········· 54
本章参考文献 ·········· 59

第3章 基于知识供应链和知识价值链的京东方知识管理 ·········· 61

3.1 知识创新 ·········· 61
3.1.1 知识创新的内涵 ·········· 61

  3.1.2 知识创新的特点 …… 64
  3.1.3 知识创新的类型 …… 66
  3.1.4 组织知识创新理论 …… 67
  3.1.5 开放式创新 …… 75
 3.2 基于知识供应链和知识价值链的京东方知识管理案例研究 …… 76
  3.2.1 京东方概述 …… 76
  3.2.2 知识管理结构体系 …… 80
  3.2.3 iMaker 案例 …… 82
  3.2.4 京东方知识管理模型 …… 84
 本章参考文献 …… 94

第4章 网络环境下的知识付费研究：以"知乎 Live"为例 …… 97

 4.1 知识付费 …… 97
  4.1.1 知识付费的背景 …… 97
  4.1.2 知识付费的定义、形成与现状 …… 99
  4.1.3 知识付费的发展历程 …… 101
  4.1.4 知识付费平台举例 …… 103
  4.1.5 知识付费产品 …… 106
 4.2 网络环境下的知识付费案例：以"知乎 Live"为例 …… 107
  4.2.1 "知乎"背景 …… 107
  4.2.2 "知乎 Live"概述及特征 …… 111
  4.2.3 "知乎 Live"的三个阶段 …… 113
  4.2.4 "知乎 Live"持续发展的关键特征 …… 115
 4.3 知识付费的问题与展望 …… 118
 本章参考文献 …… 121

第5章 百科类用户生成内容模式的影响因素研究：以百度百科和维基百科为例 …… 124

 5.1 用户生成内容研究 …… 124
 5.2 百度百科和维基百科的比较研究 …… 128
  5.2.1 百度百科和维基百科的比较 …… 128
  5.2.2 百度百科较维基百科的一些特色 …… 133
  5.2.3 特色制度为百度百科带来的优势 …… 135

5.3 研究设计与抽样依据 …………………………………………… 136
5.4 研究数据的处理与分析 ………………………………………… 138
5.5 研究结果与讨论 ………………………………………………… 140
本章参考文献 ………………………………………………………… 144

第6章 网络问答社区"潜水者"研究:以"知乎"为例 …………… 146
6.1 "潜水者"研究 …………………………………………………… 147
6.2 "知乎"平台简介 ………………………………………………… 153
6.3 案例研究设计 …………………………………………………… 155
6.4 "知乎"平台"潜水者"的识别及特征 …………………………… 160
6.5 "知乎"平台"潜水者"角色的划分及描述 ……………………… 166
6.6 研究总结 ………………………………………………………… 170
本章参考文献 ………………………………………………………… 172

第1章　北京××设计研究院的知识编码

1.1　知识编码

知识的识别和表达是知识管理的重点,显性知识是能够用符号表达的知识,并且可以通过这些符号传达给其他人,人们可以通过符号进行交流。隐性知识不能用符号表达,所以一般而言,隐性知识比显性知识更难传播,因此,在对隐性知识进行管理的过程中,需要通过知识编码的手段,将隐性知识编码成明确的形式,即将隐性知识转化为显性知识,这样才能实现更好的知识管理。

知识在进行编码时,会将知识打包成知识转移的格式。对知识进行编码的形式多样,包括数学公式、计算机程序、条形码等多种形式,数字和代码是最抽象的编码形式,单词和文本是一种不抽象的编码形式。使用不抽象的编码形式的知识更容易被传递、被分享和被学习。

知识编码可将隐性知识转化为显性知识,这可以极大促进企业之间的知识流动。知识编码作为知识管理的重要分支,目前尚处于起步阶段。

1.1.1　知识编码的工具

1. 知识仓库

知识仓库是一种特殊的信息库,以知识元为基元,可通过知识元连接、抽取与标引文献信息中的知识元,完成知识仓库的构建。

知识仓库可为不同类型的知识提供管理方法与存储结构,在管理最新知识的同时,也对其历史版本进行统一管理。知识仓库通过人工直接上传入库、业务系统自动入库、外部系统自动入库三种途径储存知识,并通过模式识别、优化算法、人工智能方法等对知识进行分类与决策支持。

2. 知识地图

知识地图是运用信息可视化的方法实现的知识。情报学家 B. C. Brooks 认为，人类的知识结构可以支撑以知识单元概念为节点的学科认识地图。一份完整的知识地图不仅应该提供知识的存量、分类、结构层次、功能等，还应该解释知识资源在组织内外部的相关链接以及特征。

知识地图允许用户发表评论，对地图更新，改变地图中各个元素之间的联系，完善知识地图。

1.1.2 知识编码的策略

根据知识与知识编码形式之间的关系，对知识编码可以采用两种策略：集中化策略以及非集中化策略。

1. 集中化策略

集中化策略是指根据此时组织所处的环境，对知识编码集中采用某种形式。集中化策略又分为集中编码策略和集中隐性策略。

集中编码策略是指主要采用与知识相匹配的编码形式，极少地采用其他编码形式，以促进知识的交流，增加知识的流动效率；集中隐性策略是指尽量避免采用与知识相匹配的编码形式，降低知识的流动效率，使知识在组织内部适度流动，以降低风险与损失。

2. 非集中化策略

非集中化策略是指在对知识进行编码时，对编码形式没有明显的偏好。非集中化策略可以分为非集中编码策略和非集中隐性策略。

非集中编码策略是指对某一类知识的编码采用多种形式且没有明显的偏好；非集中隐性策略是指只对某类知识的小部分进行编码，采用的形式同样没有明显的偏好。

1.1.3 编码策略与组织绩效之间的关系

集中化策略能够根据知识与知识编码形式的关系来选择合适的编码形式。它有利于控制知识的流动，工作效率较高，且有利于规模经济效应的产生和提高编码技能。

非集中化策略忽视知识与知识编码形式之间的关系，不可以通过知识与知识编码形式之间的关系选择合适的编码形式，不利于控制知识的流动，且会造成编码形式在使用上的冗余，造成相同数据不同编码形式的不一致性。

如图 1-1 所示，组织应根据所处的战略背景选择相应的知识编码策略。

当组织处于战略背景 1 时，此时知识的非故意流动给竞争者带来的损失较小，组织应采用集中化策略编码,即对某一类知识采用适当与之匹配的形式进行编码,增加知识流动的强度,从而为组织带来利益,增加组织绩效;当组织处于战略背景2时,此时知识的非故意流动给竞争者带来的损失较大,所以组织应该采用编码,即对某一类知识采用非适当的(即非匹配的)编码形式对其进行编码,降低知识流动的强度,从而为组织减少损失,增加组织绩效。非集中化策略是指对某一类知识编码时,对各种编码形式的选择没有明显的偏好。非集中化策略忽略知识与其编码形式的关系,因而不易控制知识的流动。从图1-1中可看出,集中化策略与组织绩效是正相关的,非集中化策略与组织的绩效没有明显的相关关系。

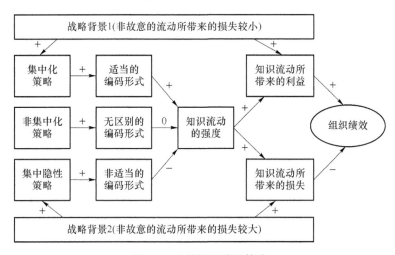

图1-1 选择知识编码策略

1.1.4 知识编码的应用

在现实当中,知识编码并不总是知识管理的首选方法,因为某些类型的知识可能是不可解释的,有些知识即使是可解释的,但知识编码会需要高额的成本,在这种情况下,知识编码不是一种好的知识管理办法。除非知识编码的成本下降,或者编码知识的预期价值上升,才能促使对知识编码的投资。在很多情况下,当明确隐性知识的成本很高时,部分编码是一种经常采用的方法。

从当前时点来讲,互联网作为通信基础设施,能快速连续发布和频繁更新信息。相比与传统媒体,互联网不受数量及时空限制,能存储和传输大量信息,因此数据由结构化数据向非结构化数据演进。大量的非结构化数据资源虽然数量庞大,但没有得到有效处理,所以知识编码应该积极与大数据、云计算等技术结合,将数据进行结构化处理,从而更好地挖掘数据间的关系和价值。企业应根据自身所处的战略背景来选择相应的知识编码策略,以增加知识流动所带来的利益,减少知识带来的损失,进而增加组织的绩效。

1.2 北京××设计研究院知识编码案例研究

1.2.1 北京××设计研究院知识管理现状

1. 北京××设计研究院简介

自新中国成立以来,经济高速发展,城市面貌焕然一新,各类建筑鳞次栉比,在此期间,北京××设计研究院参与了许多重要的建筑设计项目。例如,20世纪50年代建国初期,北京××设计研究院设计了象征新中国形象的人民大会堂,这对新中国有着重要意义;20世纪60年代至70年代,北京××设计研究院设计了工人体育馆,工人体育馆的建成充分体现我国自主科技实力的快速发展;20世纪80年代,此时正值我国改革开放时期,北京××设计研究院设计了中国国际展览中心、第11届亚运会场馆等,这代表中国已走向世界;20世纪90年代,中国的国力已经有极大的提升,中国在国际上的影响力也越来越大,此时北京××设计研究院承担了首都机场2号航站楼、国际金融大厦等项目的设计工作。因此,北京××设计研究院拥有丰富的项目经验,在建筑领域有着举足轻重的地位。

改革开放以来,为了响应国家号召,北京××设计研究院积极参与全国各地的建筑工程建设,为建筑设计行业和房地产业的健康发展做出巨大的贡献。例如,恒基中心、国际金融大厦、投资广场、北京新闻文化中心、信远大厦等建筑项目目前已经成为北京市新的地标建筑,而望京新城、北京现代城、北京橘郡、万科西山庭院、颐源居、远洋山水、朗琴园、回龙观等居住区在房地产市场十分受欢迎,成为北京炙手可热的楼盘。自21世纪以来,北京××设计研究院与许多国家的著名设计公司有着良好的合作关系,并负责了奥林匹克公园国家会议中心、奥林匹克公园中心景观及下沉广场、中国石油大厦、北京电视中心、上海世博会等项目。

北京××设计研究院作为全国知名的建筑设计研究院,不仅承担着建设北京的重要任务,而且为其他建筑设计研究院树立了榜样,起到带头作用。北京××设计研究院在全国范围内同样完成了一大批城市的标志性建筑,如浙江省中国美术学院、秦皇岛市体育馆、重庆市人民大厦、绵阳市政府办公楼、云南省昆明市机场航站楼等项目。北京××设计研究院仍需要在设计主业商业模式的创新上有所突破,以更加适应市场环境,做出更好的建筑项目,从而成为卓越的民用建筑设计机构。

北京××设计研究院参与了自新中国成立以来北京市大量重要建筑的设计工作,见证了改革开放、召开2008年奥运会、打造雄安新区等重要历史时刻。未来,北京××设计研究院将会继续坚持传承历史与服务社会的理念,并坚持专注与追求卓越。同时,随着不断积累建筑设计经验和汇总大量建筑设计相关数据,北京××设计研究院将会结合互联网时代不断兴起的新技术,搭建北京××设计研究院知识管理系统,进行系统的知识管理,以在未来更好地承担北京及全国各地重要的设计项目。

2. 北京××设计研究院知识管理系统发展现状

数据量过大往往使得获得有价值的信息变得困难,数据量爆炸性增长,这已经开始对传统的批量处理机器学习方式带来挑战。传统数据库的调用依据的是数据之间存在的明显因果关系,但是在大数据时代并不是所有的数据之间都会存在明显的因果关系,因此,数据库在分析数据时引入相关关系。

相关关系反映的是两组数据或更多组数据之间相互依存、相互影响的关系。相关关系基本上是"共同发生"的,即对于一起发生的事情,虽然无法判断发现两者之间是否存在严谨的因果关系,但可以确定的是这两者之间必然存在关联关系,用户可以据此得出有价值的信息。例如,随着温度的升高,冰激凌的销售会上升,或者随着天气变冷,使用空调的成本会降低。可以利用数据之间的相关关系得出有价值的信息,即通过使用一个变量的值来预测或修改另一个变量的值。

虽然信息的数量急剧增加,但绝大多数数据是无法使用的,因为很多数据被锁定在非结构化格式(如文本文档、PDF 文件以及图表等)中。知识管理系统构建(knowledge base construction,KBC)的目标是将非结构化的知识输入并填充到结构化数据库中,即从"黑暗数据"中自动提取结构化数据,以便将数据应用于下游程序中。

北京××设计研究院知识管理系统的实现原理如下:采用将因果性与相关性结合的方法,先给建筑设计行业资料的非结构化数据打上标签,实现建筑资料的非结构化数据向结构化数据的转变,并运用机器语言对结构化的数据进行操作与分析,发掘其相关联的逻辑关系,进而发现有价值的数据,得到有价值的信息,最终将这些信息应用到实际的建筑设计工作中。

为更好地了解北京××设计研究院知识管理系统的现状,我们对北京××设计研究院的负责人、数据库编码工程师以及数据库设计工程师进行了多次采访,访谈记录如表1-1所示。

表1-1 访谈记录

调研时间	被调研人员	调研的主要内容	访谈形式
2017-10-8	北京××设计研究院负责人、数据库编码工程师	① 北京××建筑设计研究院基本情况; ② 现阶段建筑行业资料的管理情况、存贮情况、利用情况以及现阶段建筑行业的困境; ③ 从公司角度看,知识管理系统搭建的主要诉求; ④ 建筑行业知识管理系统推广的瓶颈	座谈

续表

调研时间	被调研人员	调研的主要内容	访谈形式
2017-11-20	数据库编码工程师	① 知识管理系统的基本情况； ② 获取数据库资料	电话访谈
2017-11-4	清华大学教授、公司设计师，数据库编码主要负责人	① 从设计师角度看,设计师在设计时的困惑与需求； ② 知识编码的主要逻辑与原则	座谈
2018-3-22	数据库编码工程师	在编写过程中对知识管理系统、项目库打标签过程存在的疑问	电话访谈
2018-4-5	数据库编码工程师	① 数据库数据关系的建立原则； ② 交流专家库构建的诉求和原则、专家信息编码等	座谈
2018-6-7	数据库编码工程师	交流专辑库中如何对实现对专家的评级与细分	座谈
2018-12-12	数据库编码工程师	对于知识管理系统的疑问解答	座谈

基于多次采访,针对各阶段的研究内容与进度,我们与北京××设计研究院的相关负责人进行了沟通,获取了宝贵的行业资料和公司内部资料,主要资料如表1-2所示。

表1-2 主要资料

时间	资料名称	资料属性
2017-10	① 大数据时代知识管理的相关资料； ② 北京××设计研究院基本情况的介绍资料	行业资料
2017-11	① 美国建筑体系指标； ② 优秀建筑工程项目编码文件	行业资料、公司内部资料
2018-5	优秀建筑工程项目报审资料	公司内部资料
2018-7	项目库网址及相关资料介绍	公司内部资料
2018-8	专家库资料	公司内部资料

目前北京××设计研究院的知识管理水平处于业内领先水平,针对建筑设计不同的需求,它已经成功搭建基础知识管理系统、材料库以及专家库等知识管理系统。

(1) 基础知识管理系统

建筑设计行业工作内容重复率高,相同功能的建筑设计之间具有较高的参考价值。但是,北京××设计研究院的建筑设计师在众多的建筑设计项目资料中查找所需的资料十分困难与耗时,且建筑资料多为设计图纸、建筑物图纸及视频等非结构化数据,不便利用数据库的二维逻辑来表现,建筑设计行业知识管理系统的构建面临着海量的非结构数据难以被机器识别的难题。北京××设计研究院基于知识编码理论,对设计图纸、建筑物图纸及视频等通过打标签的方式,将相关资料进行结构化存储,从而建立高价值密度数据库,便于建筑设计师对建筑设计知识的检索与分享。

(2) 材料库

在材料库的构建过程中,北京××设计研究院对供应商工程项目中的建筑照片、设计图纸以及相关文档进行分类梳理,建立以专辑为单位的工程项目知识管理系统体系,同时参考户型楼型库、材质立面库、优秀工程案例库,依照国家标准进行系统标签化管理,将完善的标签体系与材料库平台结合,提供工程信息大数据支持和分析,提前实现了工程信息的数据化和信息化。

材料库主要涉及项目识别信息、材料、产品以及构造功能构建等维度。通过对现有材料供应商资料信息的梳理,从人、项目、厂商多维度交叉深入进行数据挖掘和分析,从而实现项目设计、材料以及供应商之间关系的可视化,增加建筑设计师对材料供应商的了解,为建筑师设计材料的选择提供最新材料信息。目前材料库主要为北京××设计研究院的 4 000 多名建筑设计师提供供应商的材料信息,而供应商主要来自细分领域的龙头企业。

(3) 专家库

建筑设计行业的创新与发展在很大程度上取决于建筑行业专家,建筑行业的隐性知识多存在于设计专家的意识中,如创新的设计思路与方案等,因此,北京××设计研究院在梳理建筑行业资料以及项目资料的基础上,对建筑行业的相关专家以及企业内的专家信息进行归集与梳理,建立了专家库。专家库中的专家分为内部专家与外部专家,内部专家主要为北京××设计研究院内部的专家,内部专家的信息能够直接获取,外部专家主要包括建筑设计项目中涉及的外部专家。

在给专家打标签的过程中需考虑两个方面。

① 职位标签。依据专家在设计研究院内部的职称与职级进行打标签,该标签只针对北京××设计研究院的内部专家。

② 专业领域标签。对专家在北京××设计研究院内知识管理系统、工程管理系统、论坛的相关活跃度进行评级,评级的标准包括知识对社区的贡献度以及在社区的活跃度等,评选出细分知识领域的专家,细分领域主要包括建筑、结构、暖通、给排水和电气。

目前国内建筑联盟以及知识社区在不断发展,促进我国建筑行业大步向前,但是目前国内尚未形成专业权威的交流平台,联盟会议面临成本昂贵、时间限制以及周期长等问题,相关的知识社区在专家认证与问题回答方面缺乏权威认证。专家库的建立为建筑设计领域技术规范的解析解答提供了平台,有利于建筑领域知识的分享与管理。

3. 北京××设计研究院知识管理系统发展存在的问题

经过多次采访,我们了解到目前北京××设计研究院在知识管理方便仍存在以下几个问题。

第一,资深建筑师的隐性知识尚未显性化,知识在组织间难以分享与转移。在知识管理系统构建的过程中,主要由资深建筑师对建筑设计行业资料进行编码。与知识管理系统构建的相关知识以隐性知识的形式存在于少数建筑师的意识中,这种隐性知识在组织间难以分享和转移,使重复性高、工作量大的编码的工作仅能由特定的建筑设计师完成,进而限制北京××设计研究院知识管理系统的构建效率,更限制知识管理系统的推广。

第二,编码覆盖范围仅限建筑类指标,知识管理系统编码体系仍有待进一步完善。我们在采访中了解到,在构建知识管理系统中的打标签这一步骤中,自动识别与建筑设计师手动打标签的内容只限定在规范的建筑行业指标范围内,尚未考虑文化以及环境等非建筑标准的指标,非建筑类指标的缺失在很大程度上加大了建筑设计方案不合理、不合适甚至不可行的风险。

第三,每份建筑资料文件夹里包含的文档文件中除了包含必要的指标外,也包括该建筑设计项目特点的详细备注,但这些详细备注目前未能被机器直接读取和人工编码。实际上这些备注资料在被结构化以后,可以为建筑设计师提供检索的标签,也能够帮助建筑设计师快速了解建筑设计项目,大大提高建筑设计师的工作效率。

因此,构建完善的知识管理系统指标体系已经成为北京××设计研究院甚至建筑设计行业的迫切需求。

1.2.2 北京××设计研究院知识管理系统的建筑类指标和非建筑类指标

1. 建筑类指标

(1) 北京××设计研究院建筑类指标体系现状

从建筑设计行业的角度出发,建筑设计是对建筑资料进行收集、整理、学习、利用以及创造的过程。我国建筑设计企业知识管理的起点低,目前建筑设计行业知识管理系统的发展处于萌芽阶段,在建筑设计行业尚未形成高效的知识管理系统指标体系。但是,随着建筑行业的规范化和标准化,在建筑行业知识管理系统中已经存在许多具有指导意义的文件。

美国建筑界曾花费数十年时间建立了一套建筑体系指标,这套建筑体系里确定的各类标签具有一定的权威性,包括建筑专业规范、结构专业规范、电气专业规范、暖通专业规范、给排水专业规范。由于国内建筑与国外建筑标准存在一定差异,所用国内建筑并不能直接引入使用这些指标。

为更好地规范建筑信息模型中的分类、编码和组织,实现建筑工程整个生命周期的信息共享,推动建筑信息模型的应用发展,国土局拥有一套统一的技术经济指标,这套技术经济指标可以作为知识管理系统标签体系的参考。建筑专业技术经济指标包括总用地面积、占地面积、代征地面积、建设用地面积、总建筑面积(地上面积/地下面积)、建筑基底面积、绿地面积、绿化率、容积率、建筑密度、建筑分类/耐火等级、建筑高度、地上层数、地下层数、机动车停车计(地上停车/地下停车)、自行车停车计(地上停车/地下停车)、防空地下室建筑面积、抗力级别、防化级别等。

居住类建筑需补增如下指标:住宅用地、配套公建用地、非配套公建用地、道路用地、公共绿地、配套公建面积、居住建筑面积、平均每套建筑面积、非配套公建面积、总居住户数、住户数、每户人均数、总居住人数、公共人均绿地、机动车指标(辆/100户)、自行车指标(辆/户)、总栋数、住宅类型(分为保障房、商品房、公寓,其中保障房包含限价商品房、经济适用房、公租房、廉租房)、层数特征〔1~6层(多层)、7~10层(中高层)、10层以上(高层)〕、层数(地上/地下)、高度、栋数等。

总的来说,国土局的这套指标只能粗略地描述一项建筑设计,仅仅用这些指标作为文件夹标签,不仅无法将数据体系化,而且不能标识建筑物的更多特征,进而无法更好地发掘数据间的关联关系,将这套指标应用在知识管理系统当中便无法准确地查找到所需要的资料。

在知识管理系统构建方面,北京××设计研究院内部已经存在性相对成熟的编码原则。在相关知识管理系统项目交接时,直接由资深的建筑设计师进行相关项目的打标签工作,这项工作涉及人数较少且相关专家均能熟练掌握相关编码原则。目前北京××设计研究院知识管理系统指标体系以设计研究院内部使用便利为主,尚未形成以文献形式描述的建筑设计行业知识管理系统指标体系。

(2)北京××设计研究院建筑类指标体系的梳理方法

在建筑设计行业知识管理系统构建中主要包括打标签、录入标签以及建立相关关系3个步骤。

① 打标签

在搭建知识管理系统的过程中,一般在文件录入时都会自动生成相关数据类标签,其他标签可人工再做补充,在建筑设计过程中产生的文字、图片、视频等知识载体一般是不可检索的,于是北京××设计研究院知识管理系统的工程师们选择在文件夹上打标签。对于每个建筑设计资料文件夹,使用相关的建筑关键词给资料文件夹打上标签,再给文件夹里的每一个图纸打上标签,通过逐级打标签的方式,完成所有文件编码,这一阶段相当于编码过程。

北京××设计研究院的资深建筑设计师在确认建筑标签时采用了面分类法。所谓的面分类法,即根据自己的需求,把需要分类的对象切分为四个面、八个面或十六个面等。使用面分类法划分对象简洁明了,因此面分类法应用十分广泛。北京××设计研究院通过面分类法,根据建筑行业固有的属性或特征,将建筑设计工作中涉及的参数分成相互之间没有隶属关系的面(每个面都包含一组建筑设计类目),同时结合建筑中的一些重要参数,自行确定其他更加具体的指标。

北京××设计研究院的建筑设计师在确定建筑标签时,考虑到建筑行业重复率高,设计师的经验、工作需求大多相似,选择根据自己多年的从业经验来确定标签,并与材料商等其他用户不断沟通,确定双方对知识管理系统的使用需求,再根据用户的实际需求,同时提取符合中国市场的关键词(如建筑风格、中式、社会主义新风格等),从几万条关键词中确认出最有代表性的几百个标签。

② 录入标签

文本资料、图片资料、视频资料等被数据化后,需要将它们录入。一般资料录入分为两种:批量录入和手工录入。在实际工作中主要使用的是批量录入。北京××设计研究院知识库在批量录入资料时,知识库对于大多数数据类参数会自动抓取并生成相应的标签,同时将标签打到这些资料隶属的文件夹上,方便日后用户通过标签检索调用资料。手工录入主要针对非结构化数据类参数,依靠建筑设计师手动打标签,最后这些手动录入的标签会与批量录入的标签统一汇总到知识管理系统中。

③ 建立相关关系

建立相关关系即在特定的维度建立相关关系,维度即约束条件。在不同的维度中,将现有的知识标签中的因果关系和相关关系在具体的场景中摘离出来,将不同的标签关联起来,进而将建筑设计中的相关资料关联起来,建筑设计师可以通过检索相关关键字,检索到目标信息。

我们以××大厦为例,详细阐述建筑设计师打标签的过程。在给××大厦打标签时,其"项目识别信息"中的地点、项目名称、项目标号、项目时间年代、获奖信息、合同信息等参数都可以直接被系统读取,自动生成标签,同样,"业务角色,专业分工"类标签也可由系统自动抓取生成。

"业务阶段"和"成果文件"类标签在工作流程中会被一一确认,因此此类标签可以在工作流(与知识管理系统共用同一套数据库)中体现,不需要人工提前打上标签,机器可以识别。在××大厦"业务阶段"这类标签中,一级标签"建筑审批,行政许可"以及一级标签"建筑设计"下属的二级标签"方案设计""初步设计""施工图设计"都可以参考工作流。

在"成果文件"类标签里,××大厦被提前打上的标签如下。

- 二级标签"地方、行业的法规与标准""标准构造图,工程做法,技术措施""规划管理技术规定,规划技术通则"(隶属于一级标签"法律与规范")。
- 二级标签"技术标准,技术资料,标准模块""制图标准,表达标准,模板"(隶属于一级标签"企业标准与模板")。
- 二级标签"总平面图""平面图""立面图""剖面图""展开图""详图,细部图,节点图"(隶属于一级标签"设计图纸,矢量文件")。

- 二级标签"设计条件""设计说明""技术措施,工程做法,材料做法表,建造规程,specs""计算书,统计表"(隶属于一级标签"设计文件")。

一级标签"图像"下属的二级标签"彩图,图片,矢量图导图""实景照片""透视图,效果图,手绘图,渲染图"和一级标签"应用程序,软件"等这些标签都是需要建筑设计师逐一记录与这些标签相对应的工作进行过程中产生了哪些文件,并根据工作流对文件打标签,数据录入时这些标签可以被准确抓取。

在"建筑技术经济指标"类标签里,一级指标"建设用地使用性质,城市用地分类"下属的二级标签"公共设施用地"中有三级标签"行政办公""商业金融业""文化娱乐""教育科研设计""体育""医疗卫生""文物古迹"。××大厦已被打上"商业、办公"的标签,此标签属于非数据类参数,在设计工作流程中,用地类型需要提前申报,可参考工作流里的标签。"建筑技术经济指标"类标签中的一级标签"建筑性能等级"下属的二级标签有"建筑耐久年限,设计使用年限"(包含三级标签"1,2,3,4,5级")、"抗震设防烈度"(包含三级标签"6,7,8度")、"建筑防水等级"(包含三级标签"1,2,3,4级")、"建筑防火等级,耐火等级"(包含三级标签"1,2级"),这些二级标签属于具体数据类参数,数据录入时,机器可以直接抓取,自动生成标签,无须人工操作。另外,一级标签"建筑性能等级"下属的二级标签"装修标准"不属于数据类参数,但是属于客观指标,"装修标准"下属的三级标签为"毛坯,精装",××大厦已被打上了"毛坯"的标签,可见此标签也是参考工作流这一数据库。其他一级标签"建筑栋数""用地规模"和"建筑面积""建筑密度""绿地率""人防工程,防空地下室""层数与高度""交通"均为具体数据类参数,均可在数据录入过程中,直接被机器抓取,自动生成标签。"建筑技术经济指标"类标签里还有剩余的一级标签"配套公建,公共服务设施""内部服务设施""建筑专业特点描述(文本)",此类标签在建筑设计工作过程中会被逐一确认,因此同样可以参考工作流。

"技术经济指标""结构技术指标""设备技术指标""电气技术指标"这四类标签均为具体数据类参数,均可在文件资料批量录入时由机器直接抓取读出,自动生成标签。表 1-3 以"结构技术指标"类标签为例展示了××大厦被机器自动抓取生成的标签。

表 1-3 结构技术指标——××大厦

结构技术指标	结构体系、结构形式	主楼为钢骨混凝土柱+钢梁框架-钢骨混凝土核心筒体系;裙房为钢筋混凝土框架+剪力墙体系
	主要结构材料	混凝土、钢筋、型钢
	抗震设防烈度	8度
	抗震设防类别	裙房为乙类;塔楼为丙类

续 表

结构技术指标	设计地震分组			第一组
	基本地震加速度			0.2g
	建筑场地土类别			Ⅱ类
	基础类型			后压浆钻孔灌注桩-筏板基础
	钢材用量、用钢量	总用钢量(吨)	钢筋、型钢	150 008 443
		单方用钢量(公斤/平方米)	钢筋、型钢	11 464
	混凝土用量	混凝土总用量(立方米)		320 000
		每平方米混凝土折算厚度(厘米/平方米)		43
	结构安全等级			2
	结构专业特点描述(文本)			1

在"建筑风格与样式"类标签里,××大厦被打上了二级标签"新中式,现代中式,新而中,社会主义新风格"(隶属于一级标签"中式")、二级标签"国际式,摩登,现代,现代主义"(隶属于一级标签"现代主义,国际式")以及二级标签"竖线条,格子,图案"(隶属于一级标签"表皮,技术,装饰风格"),由于这类标签不是客观数据参数,而是主观的、不可量化的、描述性的、带有审美和艺术色彩的标签,系统无法判断,因此需要人工确认,即需要专业的建筑设计师来确定,提前人工地打上此类标签。

在"色彩"类标签里,××大厦被打上二级标签"蓝,青"(隶属于一级标签"冷色")和一级标签"白色""灰色"(隶属一级标签"中间色系")。在"体量形态,布局组合"类标签里,××大厦被打上一级标签"围合,合院,周边,回纹"。此处我们可以看到,虽然这两类标签都不是准确的数据类参数,但都会在工作过程中被确认,可以参考工作流数据库。

北京××设计研究院的每个建筑设计项目16个维度的打标签过程可参见××大厦的打标签过程,以此类推,可将其他建筑设计项目的标签一一打上,完成设计研究院的知识编码。

在北京××设计研究院的知识管理系统里的每份建筑资料文件夹中,不仅包括相应建筑物的图纸和照片,还附有一份关于项目情况的文档介绍,此文档包括"项目基本情况""主要设计人员情况""技术申报内容(建筑专业)""技术申报内容(结构专业)""技术申报内容(设备专业)""技术申报内容(电气专业)""技术经济指标"。在数据录入的过程中,机器读取此文档时,其中的信息可以直接被读取,机器可以给文件夹打上标签。读取"项目基本情况",可打上"项目识别信息"类标签;读取文档中的"主要设计人员情况",可打上"业务角色,专业分工"类标签;读取文档中的"技术申报内容(建筑专业)",可打上部分"建筑技术经济指标"标签;读取文档中的"技术申报内容(结构专业)""技术申报内容(设备专业)""技术申报内容(电气专业)""技术经济指标",可打上

"技术经济指标""结构技术指标""设备技术指标""电气技术指标"四类标签。

北京××建筑设计研究院知识管理系统的数据由国家支持,该系统拥有大量项目及行业数据,系统的建立者可根据在使用过程中的不同需求,通过新的维度再重新划分这些标签,保持动态更新。知识管理系统的建立将有效提高内部知识管理的效率,进而提高公司内部建筑设计师的工作效率。

(3) 建筑类指标体系总结

北京××设计研究院在原有国土局规定的建筑设计技术经济指标的基础上,参考美国建筑体系里的一级标签和二级标签,再结合设计师的从业经验,确定了符合国内需求的建筑标签。

我们基于面分法,从以下16个维度梳理一级标签:项目识别信息;业务角色,专业分工;业务阶段;成果文件;建筑技术经济指标;技术经济指标;结构技术指标;设备技术指标;电气技术指标;建筑功能,建筑类型;功能空间;构造功能构件;材料与产品;建筑风格与样式;色彩;体量形态,布局组合。这16个维度既包含了建筑的具体参数这类硬性指标,又包含了建筑风格这种主观评判的指标,全面地描述了建筑设计的特征,根据这16个维度共生成了206个一级标签(如表1-4所示)、505个二级标签以及一些三、四级标签等。

表1-4 建筑标准指标体系

维度	一级指标
项目识别信息	地点;项目名称;项目标号;项目时间,年代;获奖信息;合同信息
业务角色,专业分工	行政审批;开发建设;项目管理;施工安装;建筑设计;专业设计咨询顾问
业务阶段	策划与可行性研究;城市规划;建筑设计;建筑审批,行政许可;设计施工配合;招标采购;施工;竣工验收;项目运维;改造,更新;拆除
成果文件	合同文件,标书;参考资料;法律与规范;企业标准与模板;交流文件;计划文件;学术论著;研究报告,评估;行政文件,许可,证明,复函,批件;地图,地形图;设计图纸;矢量文件;设计文件;图像;三维数字虚拟模型;信息模型,BIM;演示文件;多媒体;应用程序,软件;网页,博客,微信
建筑技术经济指标	建设用地使用性质,城市用地分类;建筑性能等级;建筑栋数;建筑功能,建筑类型;土地性质与使用年限;用地规模;建筑面积;建筑密度;绿地率;人防工程,防空地下室;层数与高度;退线与间距;日照遮挡;使用人数;交通;配套公建,公共服务设施;内部服务设施;无障碍设计;节能环保设计;绿色建筑;特殊技术;建筑专业特点描述(文本)
技术经济指标	计算精度与阶段;总造价(万元);土建与安装的比例;单位建筑面积造价(元/平方米);土地成本;市政配套成本;园林绿化成本;装修装饰成本;家具设施成本;其他成本;经济专业特点描述(文本)
结构技术指标	结构体系,结构形式;主要结构材料;抗震设防烈度;抗震设防类别;设计地震分组;基本地震加速度;建筑场地土类别;基础类型;钢材用量,用钢量;混凝土用量;结构安全等级;结构专业特点描述(文本)

续表

维度	一级指标
设备技术指标	空调系统形式;供暖系统形式,消防方式;机组规模;能源形式;给水系统形式;雨污水系统形式,排水形式;中水系统形式;新能源,太阳能利用;设备专业特点描述(文本)
电气技术指标	供电电源情况;负荷及用电指标;变压器配置;备用电源设置及总容量;防雷类别及措施;强电设计;弱电设计;电气专业特点描述(文本)
建筑功能,建筑类型	居住,住宅;教育;科研;商务办公;金融;观演;文化;博览;娱乐休闲;餐饮;旅馆,酒店;商业;体育;医疗;宗教;电力电信;邮政;广电;司法;福利;殡葬;交通;物流;工业;地下;游憩;综合;人防工程;配套服务
功能空间	交通空间;教育培训空间;休闲娱乐空间;政府行政空间;艺术空间;图书馆空间;宗教空间;医疗空间;科学实验空间;商业空间;服务空间;居住空间;建筑附属空间;设备设施空间;停车空间;仓储物流空间
构造功能构件	屋顶及防水排水;外围护,墙体;门窗,洞口,开口;楼地面及吊顶;垂直与水平交通;室内装修装饰;设备设施;市政景观照明;基础与变形缝
材料与产品	砌块,砖,瓦;石材;水泥,混凝土;金属;木,竹;玻璃;膜,织物,有机玻璃绝热材料;防水密封材料;防火防腐;门窗,幕墙;室内外装修;家具,陈设,器具,设施,配饰
建筑风格与样式	中式;东亚式;南亚,佛教式;中亚,伊斯兰;东南亚,热带海岛,度假;英式;欧式,欧陆式;西洋古典,美式,美国式;地中海;神秘,异域;希腊罗马;文艺复兴;哥特,歌德式;中世纪;新古典,折中;装饰主义,新艺术运动,ArtDeco;现代主义,国际式;表皮,技术,装饰风格;有机,雕塑,非线性;简约,极简
色彩	冷色;暖色;黑色;白色;灰色
体量形态,布局组合	独立,塔,点式,散点;行列;板式;街道式;线性,带型;折线式,L形,转角;围合,合院,周边,回纹;板塔结合;连体,巨构;底座高层;平层;错层;跃层,loft

北京××设计研究院现有的指标体系均为建筑行业中有明确标准和定义的指标,如"建筑功能"指标等。现有的"建筑功能"一级指标是对建筑物本身的客观事实(即建筑物的属性)打标签,如建筑的住宿、教育等功能。

2. 非建筑类指标

(1)北京××设计研究院知识管理系统建立非建筑类指标体系的必要性

非建筑类指标即目前建筑行业尚未形成标准的需求或者功能,在建筑设计过程中,建筑设计师需要根据不同的情况进行考虑和设计。如果将建筑类比作一个人,那么建筑类指标可以比作人的身体,换言之,建筑类指标是建筑结构合理、安全和使用的保证;非建筑类指标可以比作衣服,即满足建筑对美的需求。对于建筑美的评判分为两种,即建筑师眼中的美和社会群众眼中的美。

例如,中央电视总部大楼自建成以来备受社会关注,因其外形,被社会公众戏称为

"大裤衩",在"知乎"、微博等公众平台检索"中央电视总部大楼"关键字时可以看到,部分人将其评价为"奇怪的建筑""库哈斯给中国开的玩笑"等,很多人对于建筑的评价更多地从建筑的外形、功能以及环境协调等方面出发。

从建筑学角度来讲,中央电视总部大楼造型独特、结构新颖、高新技术含量大,在国内外属于"高""难""精""尖"的特大型项目,被评为全球最佳高层建筑奖。主楼的两座塔楼双向内倾斜6°,在163 m以上通过L形悬臂结构连为一体,建筑外表面的玻璃幕墙由强烈的不规则几何图案组成,不规则的几何图案准确地将所有的载荷压力导入地下,因此中央电视总部大楼在业内是经过千百次尝试和精密计算得出的符合建筑美学的优质作品。

基于以上内容,我们引出建筑设计中的一个重要问题——功能与外形的权衡。设计师在设计建筑的过程中,从最根本的建筑功能角度出发,在满足建筑面积、建造成本以及容积率等多项指标的要求下,最大程度地满足实用功能的需求。但是对于社会公众来说,真正从建筑功能角度来审视和评价建筑的人为少数,更多的人是从建筑外貌、地理位置甚至是图片对建筑进行评价,所以这就要求建筑设计师在设计时不仅要注重功能的实现,也要权衡外形的设计。

除此之外,设计师在面对建筑特定功能要求时,还面临文化、环境协调甚至建筑角色定位等一系列软性的要求,这要求设计师在考虑建筑功能需求的同时,协调多方需求,仅用建筑类指标来指导建筑设计行业知识管理系统的构建不能满足建筑设计需求。

在对建筑设计行业的知识进行管理时,建筑类指标作为建筑之本,仍是知识管理的重要方向,但从文化、环境以及公众角度出发的非建筑类指标也应作为一项重要的管理内容。

(2) 北京××设计研究院知识管理系统非建筑类指标体系的研究与分析

① 研究方法

内容分析法起源于传播学,在第二次世界大战期间,逐步被运用到军事情报分析中。随着研究的深入,目前内容分析法已经广泛应用于媒体分析、医疗研究、社会学等多个研究领域。

内容分析法的发展不仅体现在应用中,更体现在对于内容分析法的定义中。最早在Berelson的定义中,他认为内容分析法是客观地、系统地、定量地描述显性传播内容的一种研究方法,这个定义将显性内容作为内容分析的主要对象,忽略隐性内容的研究意义,而Kerliger强调了隐性内容也是内容分析的重要研究对象。国内学者也不断强调应重视对隐性内容的研究,他们认为,内容分析法是通过对文本内容的深入研究来挖掘内容本质的研究方法。广泛地说,内容分析是从内容中提取潜在意义,简单计算内容出现的次数和频率对于大多数研究并没有多大实质意义。

传统的内容分析法并不适合处理大量文本信息,爆炸的信息量让传统的内容分析法面临挑战,也催生数据挖掘及云计算等技术的发展。程序化的算法技术为海量信息数据的处理提供了合规的解决方案,但在很多情况下,它在发掘数据间的相关关系方面仍不充分,而传统的内容分析法的严谨性及敏感性能提高计算算法的准确性,因此传统的内容分析法与现代大数据技术的结合逐步成为关注焦点。

② 样本选取

鉴于研究的需要,我们的样本主要集中于北京××建筑设计研究院提供的30个优秀案例,样本统计如表1-5所示,其中项目类型包括办公、商业、教育、文化娱乐、酒店(度假酒店)以及住宅6类,项目主要为北京地区的建筑项目。

表1-5 样本统计

序号	项目类型	项目名称
1	办公、商业	×辰大厦、×丰大厦、北京××广场、××科技园长三角创新商务区展示中心、××科技园、上海××E地块
2	办公、教育	北大××创新中心
3	办公	北航××大厦(北航科技楼)、北环中心××号楼、上海世博会城市最佳实践区××办公楼
4	办公、酒店、商业	安贞桥××科技发展研究中心A、北京××饭店会议中心改扩建工程、××会议中心9#、北京××大厦
5	办公、酒店、文化娱乐	北京××马会会所
6	办公、酒店	××公寓
7	办公、酒店、商业	呼和浩特××国际大酒店
8	酒店	黄山××酒店、济南××宾馆1号楼改扩建、××国际旅游度假区南区四星级假日酒店
9	住宅	北京××一厂改造A5-8地块,北京××华侨城旅游主题社区A2-5、A2-6、A2-7号住宅,××市公安局公租房项目西红门地块,北四环××项目A2住宅楼,长阳××石佛营三期、××黄村新城北区16号地-东区1#楼,××万国城8#8S,××检察院地块居住区,××嘉园1号住宅楼
10	度假酒店	××国宾馆总统别墅

分析的文本内容为"技术申报内容(建筑专业)"中的建筑专业设计的主要特点,该部分内容为800~1 500个字,重点介绍项目的设计理念、总体布局、技术的先进性、创新点、功能流线造型及使用效果等方面,对于有特殊工艺的项目也需列出设计指标和实测数据以及使用效果,该部分内容是对项目概况、建造特点以及设计理念的详细阐述。

③ 编码手册

在编码工作进行之前,我们对×辰大厦、×丰大厦以及北航××大厦三个样本进行背对背编码,将所得的编码分类汇总为不同的类属,并汇总为不同的范畴,然后基于简单化、实用性和效率高的原则,初步确定了编码指导手册(如表1-6所示)。

表1-6 编码指导手册

范畴	类属
文化承载	传统文化、区域文化、现代文化
隐私保护	商业隐私、居住隐私
环境协调	自然环境、社会环境
社会角色	标志性建筑、试点建筑

在后续研究中将对通过不同的资料和样本得到的范畴进行解释说明。我们对剩余的27个样本进行三级编码(即贴标签,提取范畴、类属),将所有的标签尽可能按照编码手册中的范畴进行归类。在后续的研究过程中,随着编码资料的增多可能会提取出新的类属来解释编码指导手册中的范畴,也可能出现新的范畴。

④ 研究与分析过程

在编码的分析和总结过程中,采用将单个案例逐渐累加的方法。经过对北京××大厦的编码的研究,最终提取出"文化承载""隐私保护"以及"环境协调"三个范畴,北京××大厦的编码如表1-7所示。

表1-7 北京××大厦的编码

贴标签	属性	类属	范畴
设计时希望建筑有历史积淀	建筑设计对文化的要求		
通过将建筑做成围合实体的方式体现传统知识分子的内敛	建筑体现中国传统文化的方式	中国传统文化	文化承载
通过将建筑做成围合实体的方式营造静谧的空间			
设计时希望建筑体现现代社会文化风貌	建筑设计对文化的要求	现代文化	
通过将内庭下沉6 m保证内庭工作人员的隐私			
通过将内庭下沉6 m形成同而不畅的视觉效果	保证工作人员隐私的方式	商业隐私	隐私保护
通过同而不畅的视觉效果保护庭内工作人员的隐私			
城市景观设计不独立于建筑存在			
建筑构成城市景观的基本要素	景观与建筑相协调	社会环境	环境协调
建筑产生城市景观			
设计效果达到城市景观与建筑中共生			

我们选取×辰大厦作为第一个分析样本,在第一个样本的基础上,我们进一步叠加新案例样本,首先对新案例的文本整体进行编码,经过处理后,再将新案例的编码归集到×辰大厦的编码体系中。在进行叠加的过程中,随着资料的不断丰富,出现了新的类属和新的范畴,因此在北航××大厦的范畴基础上,增加"社会角色"范畴。后续研究按照以上步骤逐步将剩余案例进行叠加,最终完成编码分析和汇总。

原有的编码指导手册不能涵盖"生态建设"新范畴,故我们增加了"生态建设"新范畴。通过对文本的分析,在知识案例的叠加研究过程中,会出现新的类属和范畴,在最终的研究分析中,我们总结出"社会角色""文化承载""隐私保护""生态建设"以及"环境协调"5个一级指标,这5个指标构成非建筑类标准指标,相关的指标汇总如表1-8所示。

表1-8 非建筑类指标汇总

一级指标	二级指标
社会角色	标志性建筑、试点建筑
文化承载	传统文化、现代文化、区域文化
隐私保护	商业隐私、居住隐私
生态建设	节土、材料环保、节能、节水
环境协调	自然环境、社会环境

- "社会角色"指标分析

社会心理学对于"社会角色"的定义为个体在社会中应有的责任,即个体在社会当中存在的意义。建筑的"社会角色"指标是指建筑在特定范围内中所担任的角色和义务。正常情况下,建筑承载商用、居住以及教育等多种功能,这属于建筑物的事实属性,这一属性隶属建筑类指标体系中的"建筑功能"指标。

建筑本身在具备实际功能的同时也担任某些特定的角色,具有某些代表性意义,这种角色的定位和代表性意义更能体现建筑自身在某一区域甚至某一行业中的重要影响力。

接下来剖析范畴与类属的总结推理过程。例如,对于"北京××大厦有望成为京城门户新地标性建筑",则抓取关键词"京城""地标性建筑";对于"北四环××项目将成为亚奥周边乃至北四环的地标性高档居住小区",则抓取关键词"亚奥周边及北四环""地标性""高档小区"。从以上两个案例中对抓取的关键词进一步进行总结,其中"地标性建筑"为两者共同的交点,将"京城""亚奥周边及被四化"以及"高档小区"进一步理论化处理,可以将前二者归为"地域","高档小区"归为"行业"。抓取关键词的过程即为打标签的过程。其他类属与范畴以此类推,最终提取的"地标性建筑"与"行业代表性建筑"两项归为"标志性建筑","试点建筑"一项归为"试点建筑"。

"地标性建筑"以地理位置为标准,表示在某一地域内的标志性建筑,地域包括城市、特定区域等。对样本统计发现,有4个样本建筑的社会角色定位为"地标性建筑",项目作为"地标性建筑"的原因主要有位置优势、项目背景以及项目定位。其中项目定位作为一种强制性要求,需要设计师综合考虑项目背景、地理位置以及周边环境等情况。

"行业标志性建筑"以行业为标准,表示在某一特定行业内的标志性建筑。此类建筑对于行业建筑的设计与构建更具参考和指导意义。

"试点建筑"指标主要聚焦于某类具有新功能或者新政策的测试建筑群。

"社会角色"指标的建立使建筑设计师在检索时能快速抓取行业内的或特定地域内的标志性建筑,尤其是在设计具有某种特殊定位需求的建筑时,建筑设计师可根据关键词检索相同或相似建筑,提高建筑设计效率。北京××设计研究院优秀案例中的"社会角色"指标如表1-9所示。

表1-9 "社会角色"指标

原文节选	贴标签	属性	类属
（北京××大厦）位于四元桥西北角,紧邻机场高速、四环路,有望成为京城门户地标性建筑。 （大唐国际××酒店）作为内蒙古自治区成立60周年的献礼工程,喜来登酒店工程定位于城市地标性建筑、国家化标准管理的五星级酒店和与高级办公楼于一体的地标性综合建筑。 （××科技园）在北京经济技术开发区内,位于BDA国际企业大道项目的西北方,位于开发区的核心位置的重要地段,构成开发区内商务区和东部工业区的分界线,也形成开发区中心形象的重要部门和地域标志。 （上海××村）该项目是世博村中最高、规模最大的建筑之一,……,是国家级重点项目。 （北四环××项目）我们对于本项目开发的定位在于,在实现项目国际高档化和地标化的同时,实现土地价值的最大化。……将成为亚奥周边乃至北四环的地标性高档居住小区	基于位置优势有望成为北京的地标性建筑（成为地标性建筑的原因）; 作为献礼工程成为呼和浩特的地标性建筑（成为地标性建筑的原因）; 基于位置优势成为开发区的地域标志（成为地标性建筑的原因）; 开发区商务区与工业区的分界线（地标性建筑的表现）; 世博村中最高的建筑之一（地标性建筑的表现）; 世博村中规模最大的建筑之一（地标性建筑的表现）; 亚奥周边及北四环的地标性小区建筑（地标性建筑的范围）; 项目定位是地标性建筑（成为地标性建筑的原因）	地标性建筑	标志性建筑

续表

原文节选	贴标签	属性	类属
（北四环××项目）……将成为亚奥周边乃至北四环的地标性高档居住小区。 （黄山××酒店）投资方寄厚望于该酒店，期望其成为新徽派的高级酒店代表。 （长白山××度假区假日酒店）长白山国际旅游度假区南区是中国最大的旅游投资项目，建成后将成为东北亚地区生态资源最优化利用的示范性滑雪运动基地和休闲度假综合区	高档小区的代表性建筑； 高级酒店的代表性建筑； 滑雪运动示范性基地； 休闲度假综合区的示范性建设	行业标志性建筑	标志性建筑
（××市公安局公租房项目）本项目的定位为主要面向广大民警居住全装修中高档公租房，是北京市社会住宅的新试点	北京市社会住宅的新试点	试点建筑	试点建筑

- "文化承载"指标分析

在不同的文化下的美学定义是不同的，例如，在中原文化下北方四合院的美在于它表现出群体和谐、天人合一以及自强不息的精神，而在江南水乡中人们认为建筑平和而务实、轻盈活泼以及阴阳中和最为重要。

建筑设计师在考虑建筑风格时，文化因素是重要影响因素，文化与建筑的融合将进一步突出建筑风格。在建立"建筑风格"类指标时，资深建筑设计师会根据设计图纸对建筑的特点进行界定和判断，但是文化相对于建筑风格更多地体现在对于社会背景及历史发展的思考，例如，对于中国传统知识分子的"内敛""含蓄""庄重"，此类特点很难从建筑图纸以及设计图纸中识别出来，文本式的表达更能体现建筑的设计理念。我们在研究过程中发现，在国际化的大背景下，建筑对于文化内涵的需求与日俱增，因此建筑文化承载将成为建筑设计时的主要影响因素。

中国传统文化传承包括"文化的表现方式""重构传统建筑元素的方式""弘扬传统文化的重要性"等4个类属。在"文化的表现方式"中，传统文化主要通过在建筑布局以及建筑细节中运用中国传统元素的方法体现。"区域文化"即地域文化及民族文化的体现，地域文化往往更具有鲜明的特点。"承载现代文化"即建筑现代感的体现，现代感的呈现可以从立面处理效果、造型设计以及点缀现代元素等角度出发。文化需求较风格需求更加抽象，而"文化承载"指标的建立使建筑设计师在面对细腻的文化需求时，能够快速抓取不同建筑所表现的文化以及表现文化的形式。

北京××设计研究优秀案例中的"文化承载"指标如表1-10所示。

表 1-10 "文化承载"指标

原文节选	贴标签	属性	类属
（××科技园）本方案在设计时希望建筑具有一定的文化性，既有历史传统的积淀，又体现现代社会的人文风貌。本方案把培训中心和办公楼做成类似中国四合院的围合实体，这种闭型空间适应中国知识分子内敛、含蓄的性格特点，营造出内向性的静谧空间。 （××南郊宾馆）考虑到基地现有建筑的风格即我们所要体现的气质，在设计中拟通过现代手法对传统建筑元素加以重构，赋予建筑以庄重、内敛、传统而又现代的气质与内涵。高起的两翼、突出的门厅形成"左右护卫、中心突出"的中式建筑传统格局。建筑于粗犷中透出雅致，淡泊中孕育出富贵，是中国传统文化中"大音希声，大象无形"的生动写照与体现。 （大唐国际××酒店）建筑主入口和两栋主楼屋顶运用了中国传统的花格窗图案，金属装饰格栅增加了建筑层次，也渗透出中国传统建筑的韵味；在国际化充斥整个社会的大背景之下，传统文化和地域文化弘扬显得尤为重要	设计要求建筑具有文化性（设计要求）； 建筑有历史传统的积淀（设计要求）； 通过将建筑做成围合实体的方式体现传统知识分子的内敛（传统文化的表现方式）； 通过把建筑做成围合实体的方式营造静谧的空间（传统文化的表现方式）； 运用传统花格窗团体现中国传统建筑韵味（传统文化的表现方式）； 通过现代手法重构传统建筑元素（传统元素的重构手法）； 弘扬传统文化很重要；（弘扬文化的重要性）	建筑设计要求；文化表现方式；重构建筑元素的方式；弘扬传统文化的重要性	传统文化
（大唐国际××酒店）……体现一部分地域文化。在国际化充斥整个社会的大背景之下，传统文化和地域文化弘扬显得尤为重要。 （黄山××酒店）建筑方案灵感来自对徽州地区唐模村的感受，其整体布局匠心独运。在理念中体现了对徽州当地传统文化的尊重。 （××国宾馆别墅）贵宾楼造型体现了海南地方文化，并集中突出了热带滨海建筑的风格	弘扬地域文化很重要； 建筑灵感来自徽州地区文化（地域文化的启示）； 设计理念尊重徽州传统文化； 贵宾楼造型体现海南文化	体现地域文化的方式；设计理念来自地域文化	区域文化
（北航××大厦）主体采用涂料外墙—单元窗体系，局部玻璃幕墙的里面处理方式，建筑形体在规整中有变化，在大气中体现现代感。 （上海××村）新建办公楼立面采用玻璃幕墙体系，充分体现出现代办公建筑的造型特征，同时办公楼与景观照明设施直接结合在立面幕墙系统中，采用竖向彩色LED灯带阵列，这既丰富了建筑形象和光影层次，又能在夜间营造科技时尚的城市气氛	玻璃幕墙的处理方式使建筑外形体现现代感； 造型特征体现现代感； 彩灯等设施营造科技时尚的城市氛围	形成现代感的方式；设施布局体现现代感；	现代文化

- "隐私环保"指标分析

在大多数情况下,建筑设计师在构建设计思路时,既要立足于建筑本身的实际建筑功能,又要考虑使用者的需求。在建筑设计理念阐述过程中,建筑设计师对于建筑的隐私保护主要从使用者的角度出发,因此我们将隐私功能的保护划分为"商业隐私"和"居住隐私"两类指标。

通过建筑设计、功能区划分以及内置设备等多项方案均能满足使用者对建筑物的隐私功能需求,大多数的建筑在设计阶段已经考虑隐私性的需求,其中,××科技园创新中心、××综合大厦以及××万和城等 6 项案例均通过建筑设计来满足使用者对于隐私性的需求,如"通过将内庭下沉 6 m 保护内院隐私""绿化平台形成自然围合的私密空间"等。

任何建筑物在设计时均需考虑隐私性,虽然建筑物的功能、用地面积、限高条件以及地理位置均会影响地建筑物隐私性的设计,但是相似案例之间仍有一定的参考意义。北京××设计研究院优秀案例中的"隐私保护"指标如表 1-11 所示。

表 1-11 "隐私保护"指标

原文节选	贴标签	属性	类属
(××科技园创新中心)其中央庭院是一座约 5 000 m² 的下沉 6 m 的中式园林景观庭院,…,由于内庭下沉了 6 m,人们不容易看到内庭活动的人,形成了通而不畅的视觉效果,既满足了建筑空间与外界的交流需求,又保护了庭院内人的隐私。 (××综合大厦)在建筑布局上,因酒店与写字楼在功能上不同,以及考虑基地周边环境对酒店及写字楼在景观、日照及私密性的布局影响,建筑体量以 5 层高裙楼接连双塔楼作为根本。 (××科技园)独立的地面地下入口、个性化的大堂和展示空间、独立的电梯楼梯形成了独栋的企业总部,保障了独立高效的勤务空间,保证了私密性、效率化的知识与领导力生产	内庭下沉 6 m 满足内庭办公人员的私密要求; 高裙楼接连双塔的方式保证酒店经营的隐私需求; 高裙楼连接双塔的方式满足办公楼的私密性需求; 独立的入口设计保证独立的勤务空间; 独立的电梯楼梯保障独立的勤务空间	保护商业隐私的方式	商业隐私

续表

原文节选	贴标签	属性	类属
（××万和城）绿化平台为小区内外的居民提供了本区域的景观亮点，而且形成小区自然围合的私密空间；户型内部功能分区明确，动静干扰较少。 （××市大兴区黄村新城北区16号地东区）整体工程景观分为私密区和开放区两种围合式景观，提供充足的立体开放区和私密区；在平面的处理上，结合不同面积隔离布局的同时，利用通透性的庭院设计，…，在确保了居住私密性的同时，又使居住者能很好地享受社区生活。 （××1号楼住宅楼）高级公寓电梯厅的单独入户设计，加上安全智能控制系统，可最大限度地尊重业主的隐私，提高业主的生活品质	绿化平台形成小区的私密空间； 户型内部功能的明确分区减少用户动静干扰； 围合式景观为小区提供私密区； 庭院设计保障居住私密性； 电梯的单独入户设计尊重业主隐私； 安全智能控制系统尊重业主隐私	保障居住隐私的方式；减少干扰的方式	居住隐私

- "生态建设"指标分析

生态建设功能是对生态环境起稳定调节作用的功能。在资源与环境问题日益严峻的情况下，为顺应当代社会的和谐发展，现代建设必须秉承着绿色建筑设计理念。我们通过编码分析，总结出"生态建设"主要包括"节土""材料环保""节能""节水"四项。

"节土"是对于建筑土地的节省。例如，利用人造地形节省土方量；利用停车桥方式解决用地问题。设计师通过节土实现绿色建筑设计、降低成本的目的，在实现节土的同时保证景观的实现。

"材料环保"即材料的环保和节省。建筑用材是建筑成本的主要成本支出，因此建筑材料的选用是实现绿色建设的主要途径，相似建筑的建筑材料的选用具有很大程度的相似性。例如，功能、处理手法以及气候条件相似和相同的建筑在材料的选择与使用上都具备很大的可借鉴性。

"节能"即能量的节省，如对光能、热能、电能等多种能量的节省。通过研究发现，对于自然能源的合适利用，能很好地达到节能效果。建筑设计师通过建筑的功能构造和走向能提高建筑对自然能源的利用率，聘请专业的能源节省设计公司进行优化设计也是实现节能重要途径。

"节水"即水资源的节省和循环利用。建筑设计中对废水的循环利用成为节省水资源的重要方式。

考虑到"绿色建筑"的设计要求，建筑设计师在对建筑进行设计时，可以从土地、材料、能源以及水资源方面出发,通过检索查阅相似项目的生态建设设计方案(如建筑结构设计、专业公司的选择以及材料选取等),能很大程度地提高建筑设计的效率和合理程度。

北京××设计研究院优秀案例中的"生态建设"指标如表1-12所示。

表1-12 "生态建设"指标

原文节选	贴标签	属性	类属
(××科技园)利用组团中央的人造地形节省了土方量,降低了成本,同时保证了绿化用地的覆土深度。 (大唐国际××酒店)为顺应当代社会和谐发展,创造集约型社会的理念,在建筑设计中我们努力尝试绿色建筑设计。节地:本工程充分利用基地面积,在总体布局上既保证了将建筑主体临近呼和浩特市的城市主干道——新华大街……在有限的土地资源上,最大限度地创造自然生态的景观场所。 (××世纪华侨)设计原则:开发效益:注重提高土地价值,保证地块价值利用最大化。 (北京市××公租房)半步桥地块由于用地有限,采用停车桥的方式,利用有限用地解决了停放大量车辆的问题,避免设置地下车库所造成的成本增加问题。	组团中央的人造地形可节省土方量; 节省土方量降低了成本; 节省土方量保证了绿化覆盖深度; 节地是实现绿色建筑设计的方式之一; 有限的土地资源创造出最大的景观; 土地利用最大化提升开发效益; 建筑用地紧张; 停车桥的方式解决用地紧张的问题	节土的方式;节土的目的;节地的要求;节地的原因;	节土
(大唐国际××酒店)为顺应当代社会和谐发展,创造集约型社会的理念,在建筑设计中我们尝试绿色建筑设计:节材和使用环保材料。建筑外幕采用的陶板是绿色环保材料,无污染,100%可重复利用。在外幕墙材料微晶石的制作过程中,已经人为地剔除了所有含有辐射性的元素,…,是现代最为安全的绿色环保材料。	节材是实现绿色建筑设计的方式之一; 建筑外部材料是绿色环保材料; 建筑外幕材料无污染; 建筑外幕材料实现重复利用; 环保材料是实现绿色建筑设计的方式之一; 在建筑外幕材料的制作过程中剔除辐射元素	实现绿色建筑的方式;使用绿色环保材料;环保材料的优点	材料环保

续 表

原文节选	贴标签	属性	类属
（大唐国际××酒店）为顺应当代社会和谐发展,创造集约型社会的理念,在建筑设计中我们尝试绿色建筑设计:节能。建设设计依据《公共建筑节能设计标准》进行设计,以减少建筑能耗,针对建筑外围薄弱的玻璃幕墙,我们采用了断热铝合金框,中控 Low-E 玻璃,使建筑外围的传热系数达到 2.5W/(m²·K)。 （××住宅小区公寓）现代人追求自然健康的生活方式,在本项目中对生态节能环保设计给予极大的关注。大厅及客房区中庭的设计,给酒店引入自然光线,减少了白天对采光能源的浪费;可开启的电动天窗可在气候适宜时打开,室内外空气得以流通;对于能源系统酒店根据使用需求,特意聘请了相关节能设计公司进行了优化设计,能源系统结合智能化控制系统可实现区域控制,已达到最大的节能效果。 （××市公安局公租房）停车桥为开敞结构,拥有自然采光和通风,节约了能源。住宅预留太阳能生活热水的安装条件,以体现公租房的绿色节能目的	节能是实现绿色建筑设计的方式之一; 建筑设计依据标准设计减少建筑能耗; 建筑外围使用断热材减少耗能; 节能环保设计受到关注; 通过引入自然光来减少光能源的浪费; 聘请节能设计公司进行优化设计; 节能设计与智能化系统相结合可达到最大节能效果; 采用自然采光与通风设计,节约能源; 利用太阳能实现绿色节能目的	节能的方式;节能的设计依据;节能的材料;节能的重要性;	节能
（大唐国际××酒店）为顺应当代社会和谐发展,创造集约型社会的理念,在建筑设计中我们尝试绿色建筑设计:节水。为了节约不可再生资源并将其加以重复利用,本工程收集酒店客房卫生间、职工浴室的洗浴废水,将其作为中水原水。中水供酒店和办公楼卫生间冲厕所。中水回用达到了节水的目的,与未设置中水回收与利用对比,设置后节省了17%的水资源	节水是实现绿色建筑设计的方式之一; 节约用水; 重复利用水资源; 收集废水冲厕所; 中水回用达到节水目的; 节水的回收和利用措施节约了17%的水资源	节水的目的;节水的方式;节水措施的效果	节水

- "环境协调"指标分析

建筑与环境的协调统一是对建筑的基本要求,处理好建筑与环境的关系至关重要。在现有的建筑类指标体系中未抓取项目实际位置的相关指标,不能将建筑落实到实际情景当中。建筑物的位置与环境是建筑设计的重要影响因素,如酒店与商业区的协调关系、商业区与城市建设协调关系、度假酒店与自然环境的协调关系等。在面对环境约束或者要求时,建筑设计师大多采用因地制宜的建筑设计,因为从经济效益角度考虑,环境的改造的难度和成本是巨大的。

因此我们通过总结抓取"自然环境""社会环境"指标。在"自然环境"与"社会环境"划分中,人是重要的决定因素,即以是否有人的参与为划分条件。我们将户外山峰等自然风景归类为"自然环境";将城市公园、商场建筑、风景区、农村院落等归类为"社会环境"。

建筑设计师在建筑设计过程中,对建筑与环境协调的将直接影响建筑的建构设计、取材以及处理手法,因此相同或相似环境的建筑设计将具有参考意义,将建筑还原到实际环境中,把这一原则作为建筑设计的前提条件来筛选可供参考的设计方案将更加合理和高效。

北京××设计研究院优秀案例中的"环境协调"指标如表1-13所示。

表1-13 "环境协调"指标

原文节选	贴标签	属性	类属
(××中心)设计以环境关系为中心和出发点,注重与周边城市和自然环境的空间、视觉和功能的有机联系,和而不同,从而创造具有活力的城市建筑。配合整体建筑设计构思,主体建筑及周边广场铺装采用浅灰绿及灰色系,借助简单、柔和的色彩变化和过渡,将建筑融入前方大片绿地中。建筑犹如从绿地中生长而出,并因浅灰色的基调而与周围楼群保持视觉的连续性。 (北京××大厦)建筑东侧为30 m城市绿化带,西侧为大型水景园林,建筑平面沿景观带呈折现展开,两侧通透,使建筑与自然环境内外交融。 (××国宾总统别墅)设计采用"化整体为零,融建筑于环境"的手法,结合海南的地域气候特点及场地条件,使得建筑同环境有机融合	环境关系是设计的中心; 环境关系是设计的出发点; 注重与自然环境的有机联系; 通过色彩过渡将建筑融入大地; 建筑沿景观呈折线展开,与自然环境内外交融; 采用"融建筑于环境"的设计手法,使建筑与环境有机融合	环境是设计的出发点;环境是设计的中心;与自然环境相融合的方式;与环境融合的设计手法	自然环境

续表

原文节选	贴标签	属性	类属
（××中心）在设计建筑时力求一种适度而克制的形态特点和标志性，避免过度的表现性，同时保持简洁、朴实、高效的个性特征和与环境的亲和性，以保证城市环境的整体性。	避免建筑的过度表现，以保证建筑与城市环境的整体性； 保持建筑的环境亲和性，以保持城市环境整体性；	建筑与城市环境保持整体性的方式	社会环境
（××检察院地块居住区）建筑师从城市设计的角度出发，充分考虑建筑与城市建筑的关系；本项目建筑的立面处理注重城市环境的影响，造型的设计、材质的选用、颜色的对比与周边建筑的相呼应。 （××科技园）建筑灰空间的使用使其在融入周边环境的同时，有效地将周边建筑、道路、公园和创新园有机地联系在一起，形成交融与汇聚的动态空间。建筑不再是一个独立的客体存在，而具有了与城市对话的特征	建筑设计分考虑建筑与城市建筑的关系； 通过立面处理使造型与周边建筑相呼应； 通过立面处理使建筑材质与周边建筑相呼应； 通过立面处理使颜色与周边建筑相呼应； 建筑灰空间的使用使建筑与周边建筑相联系； 建筑灰空间的使用使建筑与道路相联系； 建筑灰空间的使用使建筑与公园相联系；	建筑与城市建筑的关系	

1.2.3 研究结论与展望

基于上述研究，我们分别梳理了建筑类指标与非建筑类指标，其中，建筑类指标包含16个一级指标，即北京××设计研究院知识管理系统的16个维度，非建筑类标准指标包含5个一级指标，具体指标体系的梳理如表1-14所示。

表1-14 建筑设计行业知识管理系统构建的指标体系

指标类型	一级指标
建筑类指标	项目识别信息；业务角色，专业分工，业务阶段；成果文件；建筑技术经济指标；技术经济指标；结构技术指标；设备技术指标；电气技术指标；建筑功能，建筑类型；功能空间；构造功能构件；材料与产品；建筑风格与样式；色彩；体量形态，布局组合
非建筑类指标	社会角色、文化承载、环境协调、隐私保护、生态建设

在建筑行业知识管理系统构建的过程中，建筑类指标大多数可被机器语言直接识别，通过关键字词的抓取来实现编码的录入，对图片、PDF格式的文本等难以被机器

语言识别的资料则需要通过资深建筑设计师对相关的文件手动打标签。建筑类指标是建筑本身在特定的条件下实现特定功能的指引。

非建筑类指标指导意义在于，可以对不能直接抓取关键字词类的文本文件进一步人工打标签，基于对30个优秀建设工程案例的研究与总结，对于相关的文本可以打上"社会角色""文化承载""环境协调""隐私保护""生态建设"一级标签，甚至可以打上更加细致的二级标签，使建筑师在面对非建筑类需求设计要求时，能够通过查找相关的关键词进行检索，提高建筑设计效率。

在两类指标体系的指引下完成知识管理系统构建的编码工作，将非结构化资料通过知识编码转化为机器可读的结构化资料，将编码放到特定的场景，建立关系，最终完成知识管理系统的构建。

当然，针对北京××设计研究院知识管理系统现状，未来建筑设计行业知识管理系统的构建在相关指标体系指引的基础上仍需要关注以下三点。

① 建筑设计行业知识管理系统的构建需要更加细致地考虑多方诉求，同时进一步细化建筑设计师的需求。

虽然目前建筑设计行业知识管理系统针对的是建筑设计师，但无法强制所有的建筑设计师进行网上搜索，故无法通过建筑设计师的搜索行为了解建筑设计师的需求，且建筑设计行业较为小众，用户量远远不够，因此系统的搜索排序功能仍无法做到类似于"百度"智能排序那样的功能。"百度"可以根据用户所在地域，按照用户平时的搜索习惯，形成用户画像，在展示搜索结果时，可以将结果进行优选排序，使用户更快地找到自己的目标资料。搜索功能的技术限制会影响建筑设计师对知识管理系统的使用以及对知识管理系统的推广。

在后续的建筑设计行业知识管理系统的构建过程中，结合系统建设的需要访谈更多负责不同建筑设计类别的资深建筑设计师，通过专家法，更加准确地了解到目前的用户需求，然后根据更准确的用户需求，改进目前知识管理系统的架构。另外，还需要进一步扩大知识管理系统的存储量，只有拥有更多的数据资料，才能吸引建筑设计师使用知识管理系统。

② 建筑设计行业知识管理系统构建需要新技术的支持。

目前图片识别仍然属于世界级的技术难题，对于知识管理系统中的图片录入，只能提前使用专家法，即让资深建筑设计师逐一为图片打标签，简要描述图片内容，这种录入图片的方法不仅十分笨拙，无法准确描述图片所有内容，而且对于打标签的建筑设计师来说，工作内容极其枯燥。对于图片资料的描述定义，人工定义始终存在偏差，最好的解决办法是通过用户定义，让机器学习，利用大数据定义图片。例如，"淘宝"用户在最开始搜索"小清新"类衣物饰品时，"淘宝"系统里并没有对"小清新"类衣物饰品图片的具体定义，但通过大量用户的搜索，并通过用户的定义，机器可以自动学习，定义出大多数用户眼中的"小清新"。

由于包含图片资料的文件一般较大,尤其是建筑设计图纸文件,因此当知识管理系统中同时进行上千个建筑设计项目时,对服务器的要求较高,当多名用户同时登录系统时则需要抢占资源,网络资源的限制大大影响了知识管理系统的普及与使用。

知识管理系统的改进依赖于技术,因此,寻求新的技术支持是未来改进知识管理系统的一大重要方向。

③ 在构建建筑设计行业知识管理系统时需要寻求政策支持,同时需要联合全国各地知名建筑设计院,集中人力物力搭建知识管理系统。

知识管理系统的维护成本较高,大多数企业仍以企业效益为主,而且知识管理系统的构建过程中需要多种技术支持,知识管理系统构建完成后,还需要不断地改善,因此在构建知识管理系统的后期需要持续的资金投入和技术支持。而建筑设计类软件属于小众软件,很难获得大量的资金支持和技术支持,这就对知识管理系统的构建提出了挑战,更重要的是,知识管理系统构建不仅困难很大,而且短期内带来的经济效益不明显,企业领导人考虑到公司盈利等问题,一般很难对知识管理系统进行持续投入,知识管理系统的构建容易半途中止。

在这种情况下,寻找政策支持是一项重要解决办法。政策支持包括来自企业内部、国土资源局等的各种政策支持,在政策的扶持下,联合各地设计研究院,集中资金人力,共同建设知识管理系统,这样不仅可以汇集到更多资深建筑设计师的意见,而且将有更多的建筑设计师使用知识管理系统,大量的用户行为痕迹可以帮助知识管理系统在使用过程中不断完善功能。同时,在各地设计研究院的配合下,能够尝试打通建筑设计师们的地域隔离,当不同地域的建筑设计师面对相似需求时,可以及时沟通,相互学习,从而降低工作成本。

在互联网时代,信息量迅速增长,将知识数据化存储会成为大势所趋。因此,北京××设计研究院搭建知识管理系统的经验对其他研究院及企业的知识管理会有着重要的借鉴意义。未来知识管理系统将随着时代技术的发展,不断改进,不断完善,吸引越来越多的用户,并且会在企业知识管理甚至企业管理中,发挥越来越大的作用。

本章参考文献

[1] 朱学红. 我国建筑业发展的回顾与展望[J]. 中南大学学报(社会科学版),2004,10(3):326-330.

[2] 海瑞. 甘肃出台相关政策促进建筑业持续健康发展[J]. 工程建设标准化,2018(8):50.

[3] 盛小平. 国内知识管理研究综述[J]. 中国图书馆学报,2002,28(3):60-64.

[4] Sveiby K E. The New Organizational Wealth: Managing and Measuring Knowledge-Based

Assets[M]. [S. l:s. n.],1997.

[5] Mccarthy A M, Kim J, Museth A K, et al. An allosteric inhibitor of KRas identified using a barcoded assay microchip platform [J]. Analytical Chemistry, 2018, 90(15):8824-8830.

[6] Veena K, Jigeesh N, Bhat M S. Knowledge management practices in managing projects and project people: a case study of an Indian IT company[J]. Knowledge Management, 2019,17(1):41-52.

[7] Takeuchi H, Nonaka I. Theory of organizational knowledge creation[J]. Organization Science, 2000, 5(1):14-37.

[8] Raisinghani M S. The economics of electronic commerce[J]. Global Information Technology Management, 2000, 3(3):79-81.

[9] Wong W L P, Radcliffe D F. The tacit nature of design knowledge[J]. Technology Analysis and Strategic Management, 2000, 12(4):493-512.

[10] Steiger J D, Shan R B. Nuances of profile management: the radix[J]. Facial Plastic Surgery Clinics of North America, 2009, 17(1):15-28.

[11] 车月梅.高校图书馆知识转移路径分析[J].情报探索,2016(5):120-122.

[12] Nicolas R. Knowledge management impacts on decision making process.[J]. Knowledge Management, 2004, 8(1):20-31.

[13] Mitrović Z, Obradović V, Suknović M. Knowledge management in the public sector-the case of serbian local government [J]. Serbian Journal of Management. 2018;13(2):293-309.

[14] Tserng H P, Lee M H, Hsieh S H, et al. The measurement factor of employee participation for knowledge management system in engineering consulting firms[J]. Journal of Civil Engineering and Management, 2015, 22(2):154-167.

[15] Bubou G M, Amadi-Echendu J E. The relationship between knowledge management practices and innovativeness: insights from petroleum firms in Nigeria[J]. Technology Management and Sustainable Development. 2018,17(2):169-182.

[16] Migdadi M, Zaid M S A. An empirical investigation of knowledge management competence for enterprise resource planning systems success: insights from Jordan [J]. Production Research. 2016,54(18):5480-5498.

[17] Sabherwal R, Becerra-Fernandez I. An empirical study of the effect of knowledge management processes at individual, group, and organizational levels[J]. Decision Sciences, 2010, 34(2):225-260.

[18] Haug K, Salek R M, Steinbeck C. Global open data management in metabolomics [J]. Current Opinion in Chemical Biology, 2017(36):58-63.

[19] Davenport T H, Prusak L, Wilson H J. Who's bringing you hot ideas and how are you responding ? [J]. Harvard Business Review, 2003, 81(2):58.

[20] Chatterjee S. Managing constraints and removing obstacles to knowledge management[J]. IUP Journal of Knowledge Maragement 2014, 12(4):24.

[21] Gholami J, Ahghari S, Motevalian A, et al. Knowledge translation in Iranian universities: need for serious interventions[J]. Health Res Policy Syst, 2013, 11(1):1-8.

[22] March J G, Sutton R I. Crossroads—organizational performance as a dependent variable[J]. Organization Science, 1997, 8(6):698-706.

[23] Migdadi M, Zaid M S A. An empirical investigation of knowledge management competence for enterprise resource planning systems success: insights from Jordan [J]. International Journal of Production Research. 2016;54(18):1-19.

[24] Wu Zhenyong, Ming Xinguo, Y. L. W, et al. Technology solutions for product lifecycle knowledge management: framework and a case study[J]. International Journal of Production Research. 2014,52(21):6314-6334.

[25] Conger S. Knowledge management for information and communications technologies for development programs in south Africa [J]. Information Technology for Development, 2015, 21(1):113-134.

[26] Bowen P, Jay I, Cattell K, et al. Value management awareness and practice by south African architects: an empirical study[J]. Construction Innovation, 2010, 10(2):203-222.

[27] Evers H D. Transition towards a knowledge society: malaysia and indonesia in comparative perspective[J]. Comparative Sociology, 2010, 2(2):355-373.

[28] Gottschalk P, Solli-Sather H. Knowledge transfer in IT outsourcing relationships: three international case studies [J]. International Journal of Innovation and Learning, 2007, 4(2):103-111.

[29] Alavi M, Leidner D E. Review: knowledge management and knowledge management systems: conceptual foundations and research issues[J]. MIS Quarterly, 2001, 25(1):107-136.

[30] Noh J, Webb M. Teacher learning of subject matter knowledge through an educative curriculum[J]. Educational Research, 2015, 108(4):292-305.

[31] Kankanhalli A, Tanudidjaja F, Sutanto J, et al. The role of IT in successful knowledge management initiatives[J]. Communications of the ACM, 2003, 46(9):69-73.

[32] Levinthal D A, March J G. The Myopia of Learning [J]. Strategic

[33] Nordhaug O, Gr on haug K. Competences as resources in firms[J]. Human Resource Management, 1994, 5(1):89-106.

[34] Szulanski G. Exploring internal stickiness: impediments to the transfer of best practice within the firm[J]. Strategic Management Journal, 2015, 17(S2):27-43.

[35] Takeuchi H, Nonaka I. Theory of organizational knowledge creation[J]. Organization Science, 2000, 5(1):14-37.

[36] Kogut B, Zander U. A memoir and reflection: knowledge and an evolutionary theory of the multinational firm 10 years later[J]. International Business Studies, 2003, 34(6):505-515.

[37] Desouza K, Evaristo R. Global knowledge management strategies[J]. European Management Journal, 2003, 21(1):62-67.

[38] Pee L G, Kankanhalli A. Interactions among factors influencing knowledge management in public-sector organizations: a resource-based view [J]. Government Information Quarterly, 2016, 33(1):188-199.

[39] Hill L E, Ende E T. Towards a personal knowledge of economic history[J]. Economics and Sociology, 2006, 53(53):17-26.

[40] Spender J C. Organizational knowledge, collective practice and penrose rents [J]. International Business Review, 1994, 3(4):353-367.

[41] Schulz M, Jobe L A. Codification and tacitness as knowledge management strategies: an empirical exploration[J]. High Technology Management Research, 2010, 12(1):139.

[42] 方乐.基于过程挖掘的知识编码研究[D].马鞍山:安徽工业大学,2014.

[43] Dan J K, Ferrin D L, Rao H R. A trust-based consumer decision-making model in electronic commerce: the role of trust, perceived risk, and their antecedents[J]. Decision Support Systems, 2008, 44(2):544-564.

[44] Deuze M. The web and its journalisms: considering the consequences of different types of newsmedia online[J]. New Media and Society, 2003, 5(2):203-230.

[45] 谢玮.大数据挖掘应用对商品营销模式的影响分析[J].改革与战略,2018,34(5):37-40.

[46] 刘晔.组织文化和领导风格视角下的高校知识管理研究[J].管理学刊,2013,26(1):51-54.

[47] 王耀华.建筑业知识管理研究[D].武汉:华中科技大学,2005

[48] 蔡娜,吴开平.文档工作视角下的企业知识管理实践思考[J].档案学通讯,2010(6):72-75.

[49] 胡雪斌.中国企业知识管理实施的现状及存在的问题[J].科技、经济、市场,2006(11):208-220.

[50] Calude C S, Longo G. Classical, quantum and biological randomness as relative unpredictability[J]. Natural Computing, 2016, 15(2):263-278.

[51] Bifet A, Holmes G, Kirkby R, et al. MOA:massive online analysis[J]. Machine Learning Research, 2010, 11(2):1601-1604.

[52] Sa C D, Ratner A, Ré C, et al. DeepDive:declarative knowledge base construction [J]. Sigmod Record, 2016, 45(1):60-67.

[53] 李湘桔.基于知识管理的建筑设计企业项目管理研究[D].天津:天津大学:2009.

[54] 王琪.央视总部大楼[J].集邮博览,2015(11):48-48.

[55] 范文彬,唐明忠.浅议建筑安全设计[J].建筑设计管理,2014(7):65-66.

[56] Berelson B. Content analysis in communication research[J]. American Political Science Association, 1952, 46(3):869.

[57] 邱均平,刘国徽.基于社会网络和关键词分析的作者合作研究——以国内知识管理领域为例[J].情报科学,2014(6):3-7.

[58] Winson-Geideman K. Sentiments and semantics:a review of the content analysis literature in the era of big data[J]. Real Estate Literature. 2018,26(1):3-12.

[59] Holsti L R. Recent advances in radiotherapy of cancer[J]. Duodecim. 1969, 85(7):444-449.

[60] 刘阳.试论传统民居建筑美学特点[J].大众文艺,2019(3):87-88.

第 2 章　北京未来广告公司项目团队中的知识管理

2.1　项目团队知识管理

团队合作越来越成为企业工作时采用的形式。波音公司在开发 777 客机的过程中,先后组建了 235 个团队,以完成产品不同部分的研发工作。IBM、GE、AT&T 等大公司所拥有的团队均有一百多个。

Turner 的研究表明,项目团队的成员主要是"知识员工"。在项目团队中,成员相互沟通、交流,并协作完成项目任务。日本学者野中郁次郎认为,在这一过程中,团队成员深入地进行知识共享,在密切的接触中相互学习,并在此过程中进行知识的创造。团队不仅为成员个人的学习提供了基础,而且可以作为员工与企业之间的组织桥梁,把员工在团队中形成的知识逐步显性化,并将知识转移到公司组织层面,从而使得知识为团队之外的公司其他员工所分享。正如圣吉所言:"因为现代组织的基本学习单位是团队而不是个人,团队学习是极为重要的。这里是'皮之不存,毛将焉附'的关系,没有团队学习,就没有组织的学习。"

然而,在以项目任务为考核目标的情况下,项目团队中的知识管理问题常常被企业管理者所忽视。团队中的知识管理问题有待企业引起重视。

2.1.1　团队

1. 团队的概念及特征

团队的概念可从不同的角度进行界定。Robbins 认为,团队就是由两个或者两个以上的相互作用、相互依赖的个体,为了特定目标而按照一定规则结合在一起的组织。团队是指一种由为了实现某种目标相互协作的个体组成的正式群体。这一定义突出了团队与群体的不同,所有的团队都是群体,但只有正式群体才是团队。Robbins 对团队的理解主要是关于团队的协作效应方面。Francis 和 Young 认为团队是由人组成的充满能量的群体,人们努力完成共同的目标,热爱自己的工作并彼此很好地协作,从而实现高质量的成果。Salas 等人认为团队是两人或者两人以上组成的集合,成员为了促成共同的、有价值的目标动态地、相互依赖地和适应性地互动。麦肯锡顾问卡曾巴赫则从团队的任务角度提出团队的定义,他认为团队就是由少数有互补技能、愿意为了共同的目的和业绩目标而相互承担责任的人组成的群体。英国学者尼基·海斯指出,从本质上讲,团队意味着委托与授权。组织将责任下放给团队,团队做他们喜欢做的事情,而不必不断地向高层请示。团队应拥有足够的权力进行日常决策,以保证业务的正常进行。

从上述定义中可以看出团队有三个鲜明的特点:第一是个体成员有共同的工作目标;第二是成员需要协同工作,也就是说,某个成员的工作需要依赖于另一成员的结果,这种协同工作的整体效果无法通过成员数量的叠加形成;第三是团队成员在知识、技能上存在着互补,如果项目团队成员的知识、技能趋同,那就不需要组成项目团队,直接由职能部门完成任务就可以了。

2. 团队的组织结构形式

一般而言,在企业中的团队都是由来自不同职能部门的成员组成,来自不同职能部门、具有不同知识技能背景员工之间的相互沟通和协作会有效促进知识创新。正如Nonaka指出,大多数高效团队都由有不同职能部门背景的10~30人组成,这些职能部门可能包括研发、战略、生产、质量控制、市场和营销、客户服务,等等。表2-1是Nonaka产品生产团队成员的职能背景调查。

表2-1 Nonaka产品生产团队成员的职能背景调查

公司名称 (产品名称)	职能背景							
	研发生产	市场销售	战略	客户	服务	质量控制	其他	总计
富士施乐 (FX-3500)	5	4	1	4	1	1	1	17
本田 (城市)	18	6	4	—	1	1		30
NEC (PC 8000)	5	—	2	2	2	—		11
爱普生 (EP101)	10	10	8					28
佳能 (AE-1)	12	10				2	4	28
佳能 (Mini-Copier)	8	3	2	1			1	15
马自达 (New RX-7)	13	6	7	1	1	1	—	29

(1) 职能型组织结构

职能型组织结构也称"烟囱组织",是一种比较传统的、经典的组织结构。职能型组织结构可以有项目,但项目展开范围一般都限制在职能范围部门内部,项目的各项分解工作在按职能划分的部门中展开。

职能型组织根据业务职能来划分责任。职能型组织结构层次清晰,每项业务职能都由一个专门部门负责,部门由职能经理和职员组成,每一个成员都有明确上级,这些人员的业务能力局限于那些直接与部门特性相关的技能。在这种组织中,项目被分解为不同部分,由不同职能部门共同完成。如图 2-1 所示,有三个部门参与项目,在每个部门中灰色底色的职员参与到项目之中。在职能型组织结构中没有设置专门的项目协调人员。在项目进行过程中,如果需要协调,须经各部门职员逐层上报至本部门职能经理,由职能经理向总经理通报,总经理做出决策后,由部门的职能经理逐层下达。

积极的方面是职能型组织能够有效地利用资源,获得强大的技术支持。同一职能部门的专业人员在一起,便于在知识、技能和经验上的交流,这使项目获得职能部门内部所有的知识和技术支持。消极的方面是,每个员工只有在其所在职能部门从事项目工作时才能与某一项目发生联系,因此没有人能真正理解整个项目,职能部门的人员仅仅懂得自己必须做的项目工作,对职能范围之外的项目知之甚少。而且,项目责任不是很清晰,协调混乱,完成项目整个过程的时间大大加长,项目失败的风险很高。

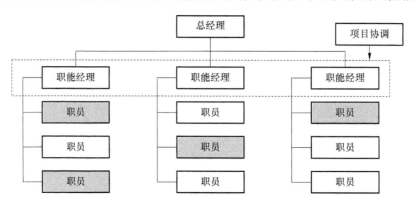

图 2-1 职能型组织结构(灰色方块表示该职员参与项目团队)

(2) 矩阵型组织结构

矩阵型组织(matrix organization)结构是在职能型组织结构上叠加项目的结果,它把责任划分为两个部分:业务职能责任和项目责任。项目不断地发生着改变,但职能总是存在的。组织中权力基础和势力早就在业务职能中根深蒂固,采用矩阵型组织结构时,在职能型组织结构上叠加项目对原来的职能结构冲击不大,易为人们所接受。

矩阵型组织结构有 3 种形式:弱矩阵、均衡矩阵、强矩阵。这些形式反映了项目对组织其他部分的影响力。从弱矩阵组织结构到均衡矩阵组织结构再到强矩阵组织结构,项目相对于职能部门的权力不断加强。实际上采用哪一种矩阵型组织结构取决于项目对组织的重要性或项目相对于业务职能的重要性。下面对每种矩阵型组织结构进行讨论。

弱矩阵(weak matrix)组织结构。跨职能项目管理的重要性日益凸显,在组织结构的设计中把项目叠加到职能领域上,就形成了弱矩阵组织结构。如图2-2所示,在弱矩阵组织结构中,从各职能部门中选择员工组成项目团队。实质上这种矩阵型组织结构还是一种职能型组织结构,因为职能经理控制着要支持哪些项目以及支持的程度。与职能型组织结构不同的是,在弱矩阵组织结构中项目的协调不是由职能经理具体负责,而是由参与项目的职员负责。

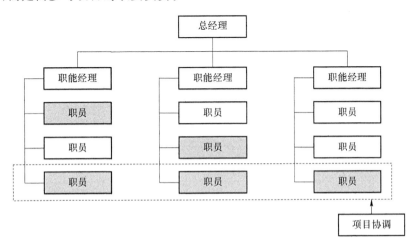

图2-2 弱矩阵组织结构(灰色方块表示该职员参与项目团队)

均衡矩阵组织结构。均衡矩阵组织结构的一个很重要特点是在项目组织中出现了明确的项目经理一职,项目经理一般是由临时并入该项目组织中的某一个人员担任,而且这个人在各方面表现出色。如图2-3所示,在均衡矩阵组织结构中,团队成员中的某一位员工被指定为项目经理,项目经理负责项目的时间、进度和成本协调和监督工作,职能经理负责项目的范围界定和质量。均衡矩阵组织结构中的团队成员比弱矩阵组织结构中的团队成员对项目负的责任更多,他们需要参加团队会议并且把有分歧的和计划的问题反馈给职能经理,以寻求建议和解决方法。在均衡矩阵组织结构中项目经理拥有一定的权利,他们可通过与职能经理协商来获得项目所需的人员和各种资源,这些人员的部分绩效评估也由项目经理负责。但由于项目经理仍处于某一职能经理领导之下,项目结束后他仍然要回到原职能部门,其绩效评估是由原职能经理决定,因而项目经理的权力往往会大打折扣。

强矩阵组织结构。为了保证项目的成功实施,在项目组织设计中,需要设立一个与职能部门统一等级的项目管理部门,其下是各项目部,强矩阵组织结构如图2-4所示。

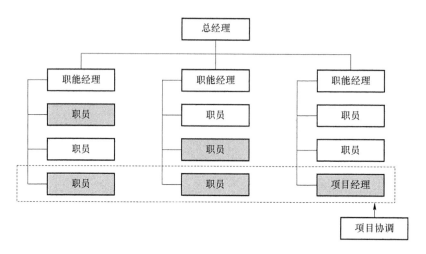

图 2-3 均衡矩阵组织结构(灰色方块表示该职员参与项目团队)

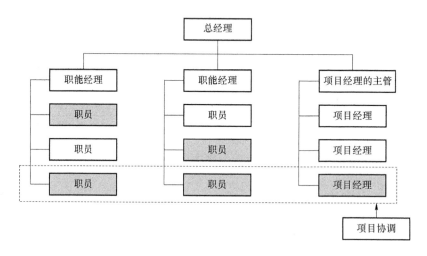

图 2-4 强矩阵组织结构(灰色方块表示该职员参与项目团队)

在强矩阵组织结构中项目经理由统一的项目管理部门进行管理,强矩阵组织结构中的项目经理比弱矩阵组织结构和均衡组织矩阵结构中的项目经理有更大的影响力,他通过协商从各职能部门抽调专业水平较强的员工组成项目组织。但强矩阵组织结构中的项目经理仍处在一个协调的位置上,可能从事一些非关键性的项目活动,如对初级员工进行在职培训,争取更多的高级员工来从事关键工作等。

在矩阵型组织中项目团队成员在项目完成后仍能回原职能部门工作,保证了员工职业生涯发展的连续性,这样可以平衡资源需求,以保证各个项目的费用、进度及质量要求,使资源浪费减至最小。在矩阵型组织结构中项目经理有较大的决策管理自主权,可以充分地调用各种资源,以保证项目的成功。矩阵型组织结构的缺点表现在交叉管理使项目团队成员面临着两个汇报者,即项目经理和职能经理,这样就产生了多头管理,降低了团队效率。

(3) 项目化组织结构

项目化组织结构如图 2-5 所示。

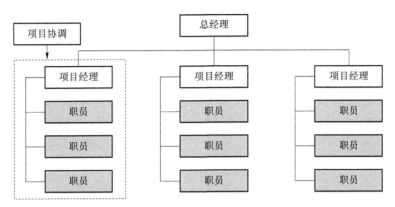

图 2-5 项目化组织结构(灰色方块表示该职员参与项目团队)

在项目化组织结构中,项目经理对成员有着直接的管理权力,可以对成员进行考核。团队成员若被分配到某项目中,会一直工作到项目结束。当项目完成后,团队通常就解散了,团队成员可能被分配到其他工作岗位上。有时候团队会保持完整并从事其他项目的工作。

(4) "超级文本"组织结构

日本学者野中郁次郎提出了有利于知识管理的"超级文本组织"结构,这种组织结构的命名取自计算机科学中的"超级文本"概念。"超级文本"组织由相互关联的若干界面组成,这些界面是业务系统界面、项目组界面和知识基础界面,如图 2-6 所示。

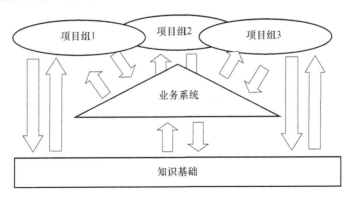

图 2-6 "超级文本"组织结构

在"超级文本"组织中,中间的界面是业务系统界面,标准和例行的操作在这里面完成。由于等级制结构有利于有效完成例行的工作,因此这一界面被构筑成等级结构的金字塔状。"超级文本"组织最上面一层的界面是项目组界面,它由多个项目组组成,主要功能特点是集中公司各职能部门的人员,相互协调配合,以最低的成本和最高的效率完成公司的项目。"超级文本"组织最底层的界面是知识基础界面,上面两层界面产生的知识在此重新归类和规范化。这个界面并不是组织中实际存在的结构,而是体现于公司远景、组织文化或业务技巧中。

"超级文本"组织的独特之处在于,三个完全不同的知识界面同时存在于一个组织中。业务系统是第一个界面,知识可以驻存于业务系统界面之中;项目组是第二个界面,它使组织成员可以用完全不同的眼光来观察传统的组织界面;知识基础是知识驻存的第三个界面,在这里,另外两个界面产生的知识得到储存和重新规范化。

3. 团队知识

在知识经济时代的大多数产业中,知识使用寿命逐渐变短,企业必须不断地创造和更新他们的团队知识。这就需要企业不断致力于两种类型的知识活动:第一,必须去发现能有效地将他们正在获得的经验转化成知识的方法,也就是创造团队知识的方法。第二,必须跨越时间和空间来转移团队知识,也就是管理和利用团队知识。知识创造是企业知识管理的起点。相比而言,团队知识的转移是企业知识管理的重点,但团队知识的转移必须以创造为前提。

(1) 团队共有知识的创造

在一个企业中,从工作经验中提炼知识,通常要花费很多的主动努力,这需要在推动组织继续前进之前对以前的行动及其结果进行回顾和总结。随着网络时代的到来,速度成了企业竞争的焦点领域,越来越多的企业已经或正在建立快速行动的理念。因为强调快速行动,很少有组织或团队能够停下来总结过去的经验和教训,他们担心被其他组织甩在后面,从而失去市场的领导地位。

当一个团队在执行任务并获得产出以后,将经验转化为知识的过程是相当复杂的,必须使所有团队成员在发生了什么和为什么发生等问题上达成共识,这要求组织抽出时间进行总结,回顾刚刚发生的对组织有重大影响的事情。当一个团队取得巨大成功(如一件新产品的成功远远超出了预期等)时,如果团队没有花时间研究"为什么这种新产品取得如此巨大成功"等方面的知识,那这种成功可能并不能重复。也就是说,团队有了经验,但并没有从中提炼出知识。

图2-7展示了一个团队将经验转化为团队共有知识的必经步骤。

第一步是一个团队执行一项任务。这项任务可能持续几个星期,也可能持续几个月。

第二步是团队获得了结果。这个结果可能很成功,也可能令人失望,单独一个结果不足以创造共有知识。

第三步是团队成员对执行任务的结果和过程进行总结。

第四步是团队成员花时间探索他们的行为和结果之间的联系,也就是将他们的经验转化为知识。

如果一个团队在未来几天或几个月内还将完成同样的任务,那么他们就需要做第五步:在他们得到共有知识的基础上,在下一次行动中调整他们的行为。

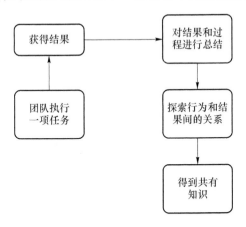

图 2-7　团队共有知识的创造步骤

图 2-7 所表示的创造共有知识的步骤其实是针对某一具体任务而言的,将这一过程进一步抽象化、一般化后,可以概括为如下五个阶段。

① 分享隐性知识。这就是在执行任务时团队成员间彼此沟通,交流经验的过程,往往是通过一系列的求助和问询来实现的。团队成员在接受自己的那一部分任务后,在大多数情况下并不能仅凭自己的力量和能力来完成,他们会直接或间接地通过观察或言谈获取同伴的经验,接受同伴的教训,当然同时也会参考某些书面化的显性知识。

② 创新理念。团队的每位成员在得到所需的共享知识后,会在自身原有的知识基础上,对新知识进行加工处理,得出某些新的理念,这些理念可能来自新的视角,也有可能来自对某些细节的再认识或深加工。这些理念的产生过程一方面增加了员工的知识积累,另一方面对原有知识进行了深刻挖掘。

③ 证明理念的适当性。新理念的创造固然重要,但要遵循"因地制宜,因人而异"的原则,因为并非所有的新理念都是正确的和有效的,或者更准确地说,并非所有的新理念都是适当的。因为即使理念本身没有差错,也可能会因为应用的时间、地点、对象、事件的不同,产生完全相反的结果,所以对新理念的考察是相当重要的,要根据团队结构和任务特性对所有理念进行综合测评,从而确定自身可以兼容的理念,也就是所谓"只选对的,不选贵的",即使某些理念看起来更有前沿性和新颖性,但不适合的话也不能采用。

④ 建立原型。

⑤ 拓展跨层次的知识。

(2) 团队的知识转移

知识的转移是以创造团队知识为起点的，因此，知识转移过程是知识创造过程的延伸。我们可以在知识创造过程的基础上增加如下步骤。

第一，找到一种将知识转移到能重新使用它的小组或个人中的方法。

第二，将所学到的知识转化成可以为他人使用的形式。

第三，接受知识的团队或个人，使知识适用于特定的情景。

第四，当知识接收团队执行新任务时，将流程自我重复。不过，知识接收团队的行为本身就是一个创新，而不仅仅是简单的接受。

团队共有知识的转移步骤如图 2-8 所示。

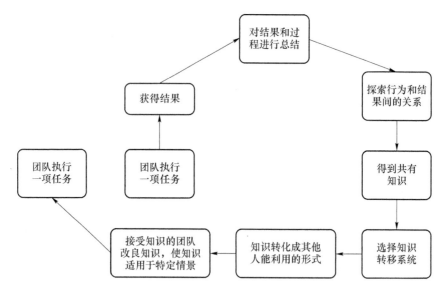

图 2-8　团队共有知识的转移步骤

在大多数情况下，我们提到的共有知识指的就是团队知识，而不是个人知识，因为大多数企业是围绕团队知识开展知识共享活动的。正如学习理论家 John Seely Brown 和 Paul Duguid 所论述的："工作中的经验创造它自己的知识，因为大多数工作是集体的、合作的活动，所以大多数沉淀下来的知识是集体性质的，它们很少由个人掌握，而是由工作团队共享。"

正是由于不同企业转移知识的过程千差万别，所以有必要识别并分析影响知识转移的一般性因素。一个简单的知识转移模型主要由三个要素组成：知识的类型、知识转移的主体以及知识转移的媒介和情境。下面从这三个方面来归纳知识转移的影响因素。

第一，知识的默会性。

知识在转移的过程中会受到知识内隐、外显特质的影响，即受到知识的可成文性、知识的可教导性、知识的复杂性和系统依赖性的影响。隐性知识具有不易转移性,知识的隐性特征是阻碍知识转移的重要原因。内隐性和可表达性在给定的知识转移过程中比其他因素更能影响转移的难易度。嵌入在行为、惯例、任务、规则、社会网络中的知识是最难发生转移的。知识的隐性化或结构化程度会影响知识转移的深度。隐性知识是高度个人化的知识,有其自身的特殊含义,很难规范化,也不易传递给别人。

第二,知识转移主体的能力。

转移主体指的是知识传递方和知识接收方。包括动机、吸收能力、知识源的可信度和沟通能力。根据归因理论,知识接收方会努力判断知识的表达方式是否准确,知识源是否缺乏信任度。当知识源的可信度低时,知识接收方会认为该知识说服力差,进而贬低知识源的知识;当知识源的可信度高时,说明该知识的说服力比较强,而且知识源的知识会被知识接受方认为是有用的。知识源的信任性和受体编译信息的能力对知识转移起主要作用。知识接收方的吸收能力是信息系统项目产出的重要决定因素。

第三,知识转移媒介与转移情境。

转移媒介指的是用于转移数据和信息的一种方法。从结构的观点看,它有两个特征因素——编码和通道,而媒介的特征取决于编码和通道的结合方式。可以从两方面来衡量媒介的效度:广度和深度。广度广和深度深可以减少转移的不确定性和模糊性,保证知识转移在数量和质量上的高水平。

知识转移分为如下四类。

第一,连续转移。

知识连续转移适用于一个团队在完成某项任务之后在新背景下重复完成相同的任务。连续转移机制是指将一个团队在某种背景中完成任务时所学到的知识应用到团队在新背景下重复完成该任务的情形中。团队在第一次经验中得到的知识可帮助团队下一次更有效地完成任务。为了达到此目的,必须将知识从团队的单个成员转移到整个团队。开会要有规律,形成工作惯例,会议要简短,每个参与行动的人都需要参加会议,会议中没有责备,不上交报告。

第二,近转移(福特汽车经验复制)。

近转移是指在相似环境中做相似的工作,但是在不同地点的知识转移方和知识接受方之间的知识转移。近转移适用于以下情况:当一个团队从其经验中学到一些知识时,组织希望把这些知识复制到其他从事类似工作的团队中。学习经历和知识运用的地点和场景越相似,知识转移就越有效。近转移设计主要包括电子化传播知识,电子化传播需要与人际交流相互补充,由用户指定内容和格式。

第三,远转移(远转移的例子——英国石油公司的"同行帮助")。

远转移是指在非常规任务的情况下,隐含知识从知识转移方向知识接受方的转移。近转移与远转移的区别如下。

① 任务的性质不同。远转移所涉及的任务通常是非常规的工作,而近转移所涉及的任务通常是常规工作。

② 知识的性质不同。近转移所要转移的知识是显性知识,而远转移所要转移的知识是隐性知识。

"远"字本身就暗含着接受知识的团队和提供知识的团队很可能区别很大,两者可能地理位置不同,文化背景不同,技术水平不同,竞争对手不同。

远转移的设计指南:交流是互惠的;原团队的知识要转换;人在整个组织范围内传播的是隐性知识。

第四,专家转移。

专家转移是指转移的知识是偶尔需要执行的任务中涉及的知识,所转移的知识是明晰知识的过程。专家转移适用于在面对一个超出了自己知识范围的、少见的技术问题时,团队借鉴组织中他人的经验来解决问题。专家转移的设计指南:①电子讨论组按主题分类;②电子论坛得到监控和支持;③鼓励不同层次的参与。

2.1.2 促进团队知识管理的方法

1. 构建基于电子协作平台的信息系统支持框架

如图2-9所示,在整个公司网络环境和系统平台基础上,通过企业的知识门户,在公司已经建立的知识管理平台和电子协作平台上,把项目前期阶段、计划阶段、实施阶段、验收阶段和转型阶段的知识以文档、表单,Teamroom 知识包,业务流程,项目后的总结、交流,Know-who 的形式保存。

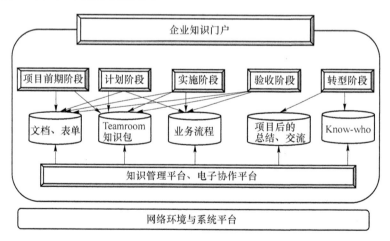

图 2-9 项目团队知识管理的信息系统支持思路

第一,电子协作平台。

电子协作平台是通过建立部门内部、部门之间和企业之间的高效配合和协作,促进成员高效及时沟通的交流平台。它为企业内部各部门员工的沟通、协作提供支持,实现了跨地区、跨部门的有效协作,提高了工作效率,为工作创新提供了有效的空间和良好的氛围。自20世纪90年代初以来,信息技术的一个重要关注点是把沟通技术作为IT的一个重要的功能。

目前电子协作平台可提供的项目团队成员之间的沟通方式主要有如下几种。

电子邮件。电子邮件是当前使用最为方便、最为便宜的传播工具之一,它可以传递文字、图形、图像、声音等信息,使用方便,投递迅速,可以全球畅通,而费用几乎低到可以忽略不计。它可以是一对一的传播,也可以是一对多的传播。

企业内网。企业内网是当前知识传播最有前途的工具之一,一方面,它可以与因特网相连,很容易把从因特网获得的知识传递给组织内部需要使用知识的人;另一方面,它可以为部门和部门之间、人与人之间的知识传递提供方便。

群件。群件应该说是最有利于团队进行知识传播的工具,因为它提供了符合团队工作范围和工作习惯的传播模式。

电子视频会议。电子视频会议(特别是远程会议系统)能使身处异地的团队成员像在同一地点那样接受知识的传授。

第二,共享知识库。

在网络环境与系统平台、知识管理平台和电子协作平台的基础上,结合项目不同阶段,把项目运作沟通和协作过程中产生的知识放入共享知识库。这些知识库包括文档、表单,Teamroom知识包,业务流程,项目后的总结、交流,Know-who系统。

文档、表单。在项目前期管理、项目计划管理、实施过程管理、验收移交管理四个阶段中以不同方式产生了各种文档、表单,将这四个阶段所产生的文档、表单收入公司知识库对未来项目运作有着借鉴作用。

把文档、表单收集到公司知识库是项目团队知识管理最原始、最主要的方式,主要是对显性知识的管理。这种文档、表单对团队而言是显性知识,但对其他团队或个人就是隐性知识。其他团队或个人仅仅从文档、表单上无法理解其中包含的知识,因而文档、表单的管理还涉及如何使这些知识转移为能为企业其他员工所能理解的知识。

对文档、表单归结的知识可以采取编码和隐性化两种方案,而编码可以分为聚焦式编码和非聚焦式编码两种。聚焦式编码指的是,对不同类型的知识进行特定形式的编码。例如,对企业中的市场、营销方面的知识,实行案例式的一种编码方式,而对于企业中有关技术方面的知识,则采用公司和原型相结合的方式。非聚焦式的编码方式指的是,没有针对不同知识采用不同的编码方式,不论对于何种知识,采用的编码方式大致相同。

Teamroom知识包。Teamroom知识包是在IBM公司知识管理设计思路上,利用已为大多数人所知的博客(Blog或Weblog)技术提出的。

利用Teamroom创建一个项目团队的网络虚拟空间,在这一个空间中,团队成员之间可以灵活的不受时间和地点的影响进行交流。团队成员在所创建的Teamroom中的各种沟通情况将被打包成一个整体,以留给他人进行学习。因此,在整个团队运作中所产生的各种思想碰撞的火花、知识创新的历程及各种经验将被完整地呈现到学习者眼前。

在Teamroom知识包中,我们将引入博客。博客英文是"Blogger",是网络日志这个词音译过来的。"Blogger"的意思是航海的日志,航海日志把航海的情况、重要的事情记下来,供以后查询,它本身不是为了记录自己的心得,主要是为了给别人提供参考,是一种个人信息的发布形式。博客充分利用、动态更新快、覆盖范围广等特点,将使用者的工作过程、思路经历、思想精华、闪现的灵感等及时记录和发布,使信息和知识传播更加迅速、直接、高效,传播的结构更加扁平化。在博客技术的支持下,信息资源可以最大限度地传播,一些有价值的思想火花更容易激荡出燎原的烈焰。

在项目团队中,团队成员可能围绕着项目任务产生各种不同的解决方案。有的方案只是头脑中的一种闪念,如果不加以记录可能就会从脑海中消失,采用日志形式记录下来的内容很可能就是解决项目任务难题的突破口;有的方案是在团队成员沟通、交流的过程中逐步明晰化的,利用博客可以完整显示整个知识创新的过程,这样一个过程不仅使团队成员进行了隐性知识的挖掘和学习,而且为后来的学习者提供了一个更清晰的纪录。

记录了团队成员沟通情况的Teamroom知识包对拥有进入权限的员工开放,这样公司其他员工就能够看到各种解决方案或想法,并能对此进行讨论,提出质疑、看法,即使没有在公司内部开展会议,员工们也能够集思广益。在这种记录想法、讨论的过程中不仅可能会找出一个完成项目的方案,更重要的是整个讨论的过程对后来者有借鉴作用。当然博客存在着激励不足的情况,如人们不愿意花时间去讨论或不愿与他人共享自己的知识等。

业务流程。对一个组织(企业、机关、团队)来说,它都有自己的业务流程。在项目尤其是大项目运作中,涉及诸多方面的子任务和各种管理问题,合理的流程设置将有效保证项目的进行。一般而言,企业积累了有关项目团队业务流程运作的经验,在某一项目运作时可以从以前的流程管理经验中学习。并且在项目运作过程中,可能会运用更有利于项目运作的流程,并对原有流程进行修改和完善。这些宝贵的经验对以后项目运作会有极大的借鉴作用,业务流程管理将使这些经验能够积累下来。

在工作或业务活动中,人们总是在使用和处理知识,知识本身也形成了流程。业务流程与知识流程是相联系的。业务流程管理使企业能够将人工活动标准化、流程化,实现内部业务流程的自动化办公,减少烦琐的批复管理人工流程,并能对进度进行跟踪。业务流程与知识流程的结合可以使工作流应用的开发工作进行得迅速而简单、灵活,并易于维护。

项目后的总结和交流。在项目结束后对团队和员工的成功经验和失败教训及时总结,既有利于团队成员的学习,也有利于企业其他员工向团队成员学习。新员工从其他员工那儿学到的要比从正式文件中学到的更多。

既可以在团队内部进行项目结束后的总结和交流,也可以由项目团队把项目运作的经验以培训和讲授的形式与企业其他员工进行交流。通过把项目运作的经验、教训与企业其他员工进行面对面的交流、沟通,将会激发团队成员与企业员工的讨论和争论,在这种争论中,可以使团队成员的隐性知识更好地转移给企业其他员工,讨论中的内容还可以以某种形式存入企业知识库。

在项目后进行总结、交流的重要作用是在交流中发现企业员工对知识的真正需求,从而为知识管理工作提供借鉴指导。Tom Davenport 在《注意力经济》一书中提道:"第一阶段我们把知识放到知识库中并且鼓励人们——只是小有成果——去利用它。问题在于现在每一个人都太忙了,他们根本没有时间经常去咨询知识库或对它做出什么贡献。所以,在第二阶段,我们就得解决怎样把知识和知识管理插入知识工作者工作中的问题,这是一个更大的挑战。这项工作会有巨大的回报,但是做它很困难,也要花费大量时间。"通过项目结束后团队成员与企业其他员工的谈论和沟通,企业在某种程度上可以了解员工对何种知识有需求,从而为建设企业知识库提供一定的指导。

2. 人力资源管理制度的支持

(1) 团队成员的选聘

团队成员的选聘是整个项目团队人力资源管理工作的第一步,要有效完成这一步,要进行项目任务分析,清晰的任务定义是团队取得良好绩效的重要前提,任务的定义将明确团队工作的范围和绩效标准、完成团队任务的人员应具备的条件等。

在项目任务分析之后,便需要识别知识工作者的知识、能力,招聘能够胜任项目任务、能够有效进行知识共享、能与他人有效沟通和协作的项目成员。一个胜任的团队需要不同类型的、具有不同知识和专业背景的人员。影响项目团队知识管理的成员个人因素包括个人所掌握的知识、个体的性格特征、个体的态度、个体的沟通风格、个体的社会关系网络等。具体说来,在团队成员的招聘上,我们主要考虑的因素如下。

一是知识技能。一般而言,项目团队成员的知识、技能都是互补的,在考虑团队成员选聘时要注意不同成员之间的知识、技能的搭配。但是项目管理者应警惕那些拥有专业技能的人,他们可能只是专业技术爱好者,虽喜欢研究,但没有时间安静下来进行具体工作。

二是解决问题能力。解决问题的能力反映了团队成员的经验和能力。项目复杂而烦琐,可能涉及多个领域的知识技能、多方合作、不同部门之间的协调、与上层管理者的沟通等。成员应有在不确定状况下工作以及发现问题和解决问题的能力。

三是拥有的社会关系资源及与人沟通的能力。团队中存在着各种关系,如团队成员之间的关系、团队与上层管理者的关系、团队与各职能部门的关系、团队与客户的关系等。在招聘过程中,项目经理应适当地考虑让一些拥有一定社会关系且有较好沟通协调能力的人加入,他们的加入将对项目任务的完成有促进作用。

四是进取心、创造性和精力。团队成员的进取心、创造性和精力是选聘需考虑的一个重要条件。这些品质甚至将弥补其他部分的缺憾。当然,团队成员的进取心和创造力还取决于企业和团队对团队成员在物质和精神方面的激励。

(2) 团队成员的考评

一般而言,项目团队的考评主要依据目标的业绩表现和成果的质量来评估,但是这种考评方法却使团队实际运作中的许多问题无法解决。例如,对于社会资本的考核问题,每个小型团体都会在较大的组织中留下遗产,并增添现有"关系资源"存量,如果留下的是成功的关系,那么社会资本就会增加,然而在团队运作过程中,并没有对这种社会资本加以考评。再例如,对于知识共享的激励不足问题,如果我的知识是一种宝贵的资源,为什么我应该与人分享? 如果我的职位是创造知识,为什么我应该利用的是你的知识而不是我的知识? 还例如,对于个人激励与团队激励的矛盾问题,项目任务的完成需要的是成员的共同协作,而不是成员的单打独斗,如何兼顾成员个人的绩效考核和与其他人的协作问题? ……

对以上问题,理论界和企业已经在不断地探索。例如,在知识共享方面,莲花公司在对其为消费者服务的职工进行总的业绩评价时,使知识分享占了 25% 的份额;巴克曼实验室公司以在某个度假胜地举行年会的形式来奖励 100 名最优秀的实施知识分享的员工;ABB 公司对管理人员的考评不仅依据他们所决定的结果,还依据在决策过程中所使用的知识和信息。

(3) 团队成员的薪酬激励

设计有效而又现实可行的项目团队薪酬考核制度需要考虑多种因素,鉴于知识员工较为重视精神激励的特点,此处我们涉及的薪酬激励主要关于知识员工的精神激励,如团队中的知识产权问题等。

讨论知识产权问题时,我们可以把视线从企业转移到科研领域中。在科研领域中,学者们对自己研究成果的公开发表有着充足的积极性,因为研究成果发表后学者便拥有对其成果的完全知识产权,且公开发表的成果与其名誉、收益有着完全、直接的联系。

与科研领域不同,在企业中,专家、老员工不愿意将自己的所拥有的知识贡献出来。在企业当中完全实行科研领域的政策并使员工贡献的知识与其收益、声誉完全挂钩是不可能和不现实的,但在更大程度上借鉴科研领域的运行机制是有效促进企业和团队知识共享的途径。

(4) 团队成员的培训

培训不仅指的是公司通过对团队成员的培训,把企业组织知识转化为个人知识,而且指团队成员通过各种形式使个人知识转移给企业其他员工,以及转移为企业组织知识。前者是企业对团队成员的培训,后者是团队成员对企业其他员工的培训。

之所以提出团队成员对企业其他员工的培训是因为,以项目团队方式运作的公司,团队成员个人在团队运作中积累了大量的知识,这些知识不仅包括成形的文档型的显性知识,而且还包括大量的隐性知识。这些隐性知识的转移需要通过团队成员与其他员工之间密切的、面对面的接触和沟通才能完成。

第一,企业对员工的培训。

企业对团队成员的培训形式除了大部分公司所采用的常规培训外,还有一些其他形式,如敏感性训练、拓展训练等,通过这些形式培养团队成员的团队意识和促进团队成员的个人学习积极性。

敏感性训练(sebsitive training)简称 ST 法。敏感性训练要求学员在小组中就参加者的个人情感、态度及行为进行坦率、公正的讨论,相互交流对各自行为的看法,并说明其引起的情绪反应。这个目的是提高学员对自己的行为和他人行为的洞察力,让学员了解自己在他人心目中的"形象",感受与周围人群的相互关系和相互作用,学习与他人沟通的方式。

拓展训练又称为外展训练(outward bound)。拓展训练一般是指把受训人带到大自然中,通过专门设计的具有挑战性的课程,利用种种典型场景和活动方式,让团队和个人经历一系列的考验,以磨砺他们克服困难的毅力,培养他们良好的心理素质,树立他们积极进取的人生态度。拓展训练中的团队项目通过复杂而艰巨的团体活动,促进学员之间的相互信任、理解、默契和配合。

第二,团队成员对企业其他员工的培训。

团队成员对企业其他员工培训的目的是把团队成员在项目运作过程积累的知识充分地与企业其他成员共享,这种共享过程是团队成员知识转移为企业知识的过程,而且在交流过程中团队成员自己的知识会得到升华。这种共享的形式主要有项目报告研讨会、公司内部非正式交流等。

项目报告研讨会在项目结束后召开,项目团队把项目运作的经验和不足进行总结,以报告的形式与企业其他员工进行交流,在交流过程中,其他员工可以与团队成员进行对话和沟通,彼此将会加深对项目的理解。

公司内部非正式交流是知识转移的一个有效形式。例如,公司走廊大厅中的咖啡桌、食堂中的餐桌都可能成为非正式交流的场所。这种非正式的沟通和交流需要有一种氛围(一种知识共享的良好氛围),如果没有这样一种氛围,成员间很难有效沟通。

在我们对科研领域的访谈中,一位教师结合自己的经历说到,科研领域中存在着一个有趣的现象。虽然高等院校是一个典型的知识密集的场所,在一所高校中,往往聚集着全国乃至全世界的知名学者,但并不是每所高校都可以很好地利用学校的这种知识资源,在有的高校中各个学者自成一体,每个人单独做自己的事情,彼此的交流不是很充分。当然有的高校存在着学术交流的氛围和传统,例如,在英国剑桥大学,学者们常在喝咖啡、聊天的过程中彼此交流各自所研究的领域,大家对交流彼此的研究体会俨然成为一种良好的惯例,每当有朋友到剑桥做访问时,剑桥大学的学者很自然地就会问起:"您研究的是什么领域?需不需要给您介绍一位该领域中的学者,大家沟通一下?"

2.2 北京未来广告公司项目团队中的知识管理研究

北京未来广告公司(以下简称未来公司)是一家以媒体广告经营为主,其他媒体服务并举的全方位的媒体经营公司。在1992年成立之初,未来公司只有十几人。随着未来公司经营规模的扩大和管理复杂度的增加,一些问题逐步显现出来。

一是广告项目整合运作要求业务员工之间、业务部门之间进行合作,这种合作过程既是员工共享知识,也是不同思想碰撞产生火花的知识创新过程。

在未来公司最初的广告业务中,当销售的产品是单一栏目广告时段或者单一节目中的单一广告时段,由于销售额度低,业务员工采用单兵作战方式去销售。随着业务的开展,公司开始转变销售广告时段的视角,向广告客户提供一整套整合广告项目。这种整合广告项目是个人、单个部门无法完成的,它需要公司不同部门协力完成。例如,公司重大广告项目——"十强赛""世界杯"等——仅依靠客户中心是无法有效完成的,还需要策划中心提供项目方案的指导,媒介中心提供媒体信息支持,市场信息部门提供行业信息支持等。

二是随着业务经营的深入,员工开展业务的技巧和知识(如推销产品、与客户谈判的技巧知识等)不断地积累和增加,但由于员工的知识本位主义和知识利己主义,这部分知识在员工之间既无法共享,也无法形成统一、有影响力的未来公司品牌形象。

广告行业员工的业务运作方式往往具有较强的独创性和独立性,但这种创新与突破的成果往往只是被员工个人所占有,形成员工个人的隐性知识,无法在业务员工之间知识共享。对于新员工,未来公司都会对其进行严格的业务培训,但老员工在长期业务实践中所积累的知识尤其是隐性知识难以显性化,短期内无法有效转移给新员工,员工之间知识共享的阻隔不仅不利于员工个人知识的学习,而且不利于整个企业的组织学习。业务人员是公司与客户直接接触的一线人员,他们的言行举止将成为客户观察公司形象的窗口。如果能够促进员工之间、员工与部门之间、公司之间的知识共享,提高整个公司员工的技巧水平,那无疑对增加未来公司品牌的影响力有重要作用。

三是员工跳槽造成客户资源和知识的流失。中国广告行业的一大特点是行业进入的壁垒低,因而广告公司数目众多,经营规模小,行业竞争无序,这使得该行业从业者具有较强的流动性。员工流动导致了客户资源的流失,另外,关键员工的离职往往导致存储在员工头脑中的重要知识流失。未来公司所面临的问题使公司高层意识到必须寻找能够促进企业员工有效协作的方式,既可以使员工在协作中为客户提供一整套的整合广告服务,提升客户的品牌价值,也可以使员工在合作过程中彼此交流,相互学习。在不断探索中,未来公司采用了项目团队的运作方式,并在项目团队运作过程中加强了对隐性知识的管理。

2.2.1 项目团队隐性知识管理内容

为适应公司业务发展需要,未来公司实施团队运作模式,还成立了项目组,并在整个公司实施一系列管理制度的改革,以支持团队知识管理的实行。

1. 组织结构变革

为适应公司整合广告项目运作的需要,促进公司员工的沟通与协作,畅通知识共享通道,未来公司对原有的组织结构进行了调整。

未来公司原先采取的是直线职能的组织结构,这种组织结构比较稳定,有利于完成日常事务,但却不利于知识在部门间的流动。随着未来公司大客户广告投放数量的增加和对广告投放要求的提高,公司意识到没有沟通和协作,靠单个员工和单个部门的力量难以满足顾客的需要。为适应知识管理的需要,并结合公司自身业务的特点,公司增设项目组,实行以团队为主的组织结构调整,从而促进知识的共享、创新和积累。未来广告公司现在的组织结构如图2-10所示。

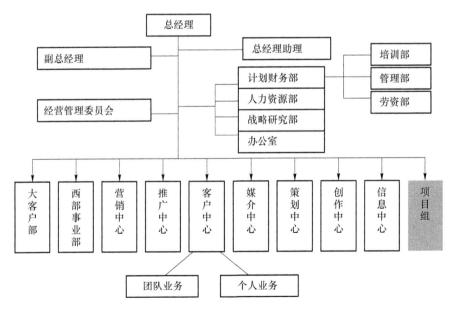

图 2-10　未来广告公司现在的组织结构

经过组织结构的调整,未来公司形成了扁平化的事业部制职能结构,缩短了知识传递的链条,公司高层、中层与底层之间的交流可以更流畅地进行。未来公司设立了项目组,并在客户中心分离出两类业务——团队业务和个人业务,建立了团队运作方式。客户中心一旦有大客户,需要整合广告项目运作时,项目组成员便被抽调出来,与客户中心有关业务人员组合成项目团队,共同为大客户服务。

2. 项目组

(1) 项目组的构成

项目组成员共5人,他们来自公司各主要职能部门,是公司中学历层次最高的部门。项目组成员包括两类:一类成员专门负责项目组日常运营事务和项目组成员间的协调,维持项目组的正常运作,此类人员只在项目组任职,属于项目组中的固定成员。另一类成员是根据公司项目运作需要抽调的客户中心、媒介中心和策划中心的员工。他们除了从事项目组的工作以外,同时也接受各中心经理及部门主管的领导,承担原来部门的工作职责。一旦项目完成,这类人员将回归各自部门。这些项目组成员回到原有部门工作的原因是能够从原有部门不断吸取知识。

(2) 项目组的职能

项目组通过自身对广告行业知识的把握,并通过深入的行业研究、分析以及对未来公司所代理媒体效果的分析,为客户中心提供贴身服务,并与客户中心业务人员组成团队,共同制作大客户方案,使公司为客户的服务更为专业。项目组的分析领域涉及在公司广告投放量较大的食品、药品、日化、家电、家居、饮料、清洁、服装、汽车、轮胎、通信、石化等行业,其职能涉及行业分析、媒体效果分析、市场研究、大客户方案制订等,为整个广告项目的运作提供行业分析支持。为完成这些职能,项目组成员需要进行科学的分工合作,实现有效的知识分享。

3. 项目团队运作方式

未来公司大型广告项目采用了以项目团队的方式运作,团队成员来自客户中心、项目组、策划中心、媒介中心等各职能部门。这种由多部门组成的项目团队对未来公司员工之间的隐性知识共享和显性知识的积累都产生了重要作用。

广告项目运作流程及整个过程的知识管理如下。

第一步,对客户价值严谨求证和大胆取舍。

首先,客户中心一线员工与客户接触,进行客户开发和整理、筛选行业信息,在中心经理、业务主管的指导下进行品牌价值初步判断。然后,客户中心一线员工与项目团队中的策划中心人员在分享各自专业知识的基础上共同完成行业及品牌监播情况分析,形成客户品牌价值分析报告,并将该报告归入公司的客户知识库。最后,结合相关行业信息进行品牌投放建议,项目团队进一步获知客户投放意向,并将重点客户价值的初步意见及服务意向呈报公司领导,以获得服务方向及策略的指导。在这一阶段,项目团队来自各部门的成员以讨论会的形式分享彼此的隐性知识,并通过客户品牌价值分析报告的形式将之转化为公司的显性知识,进行知识积累。

第二步,对目标客户的深度服务与项目方案贴身修正。

首先,结合客户的目标受众及投放倾向,项目团队进一步细化分析目标群体的媒体收视习惯、目标受众与目标媒体的结合度;然后,团队成员与客户进行多次深入互动访谈,尤其就具体媒体项目进行讨论,同时将在访谈中分享到的客户知识进行整理,形成若干期客户讨论报告,并将该报告归入公司知识库,这些知识主要是客户及其相关行业背景知识以及客户管理技巧方面的知识;再次,结合客户销售周期及推广周期,项目团队完成投放分布计划,并预估整合项目的收视点及成本,形成初步的项目方案;最后,项目团队在公司领导带领下与客户进行最后方案的审定,并在公司领导的指导下与客户就方案终稿进行全面沟通,达成合作协议,并将最终的项目方案归档。在这一阶段,项目团队通过与客户沟通、交流,分享客户显性知识和隐性知识,并以客户讨论报告的形式使客户知识转化为公司的显性知识,形成公司知识积累。

第三步,对项目方案高效执行与评估总结。

项目团队中的媒介中心人员对项目全面执行,保证客户广告正常播出;客户中心一线人员征求客户投放后意见并反馈给项目团队;项目团队对广告投放效果即时跟踪评估,并就评估情况进行投放修正。而公司则形成行业示范性品牌服务流程模式,建立重点客户服务档案,总结项目过程和成效,形成项目经验总结报告,并将该报告归入知识库。这一阶段,主要是把项目中所形成的文档资料、项目经验总结存入公司知识库,以便其他员工查询,同时把在项目中遇到的问题及解决方案整理,存放在公司内部网中的员工成长手册(员工成长手册将在后文中深入介绍)中。另外,项目团队还把成功的做法、经验在项目讲坛中向企业其他员工宣讲,回答来自项目团队之外的提问,大家互相讨论,把讨论中得到的知识成果再一次分别归入知识库和员工成长手册。

项目团队的运作方式极大促进了团队成员隐性知识的共享、创新和积累。下面以青岛啤酒广告项目的运作来具体说明项目团队在未来广告公司知识管理中的作用。

在青岛啤酒广告项目的运作中,未来公司成立了由客户中心、项目组、媒介中心、策划中心员工组成的项目团队(如图2-11所示),团队成员我们将只用字母代号表示。在项目团队成员的协同合作下,通过与多家广告公司竞标,成功地取得了青岛啤酒2003年央视投放代理权。青岛啤酒项目的成功运作不仅使公司收益增加,而且是公司知识管理的一次成功探索。

一是项目团队员工隐性知识的增长。

隐性知识由于其垄断性、难以表述性,因而其交流存在很大困难。但在项目运作中,为完成项目任务,团队成员需要深入讨论、交流和协作。在青岛啤酒项目中存在多方沟通和协作,如客户中心业务人员与项目团队就行业及品牌监播情况分析确定品牌投放建议;业务人员与项目团队共同与客户进行深入访谈,结合客户目标受众及投放倾向,就具体媒体项目进行讨论;由策划中心、项目组、客户中心、媒介中心员工组成的整个项目团队在公司领导的带领下与客户进行最后方案的审定。

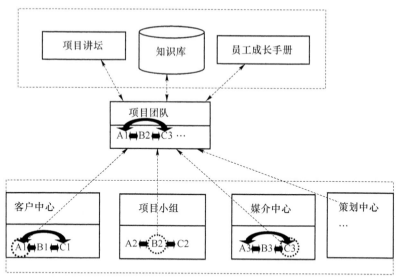

图 2-11　未来广告公司项目团队

二是公司显性知识的积累。

青岛啤酒项目结束后,为更好地总结经验,以利再战,公司领导要求把项目成功经验在公司内部分享。项目经验在公司内部分享的主要形式有三点:第一,把项目中所形成的文档资料、项目经验总结存入公司知识库,在青啤项目结束后,项目团队负责把项目的相关资料进行总结、归纳、整理,以便其他员工查询;第二,把在项目运作过程中遇到的问题及解决方案整理,存放在公司内部网的员工成长手册中;第三,项目团队把成功做法、经验在项目讲坛中向企业其他员工宣讲,回答来自项目团队之外的提问,与员工们互相讨论,并把讨论得到的知识进行整理,归入知识库和员工成长手册。

2.2.2　项目团队隐性知识管理制度支持

(1) 利用信息网络技术,搭建知识管理平台。

随着计算机、网络技术的发展,把计算机网络技术应用于企业经营管理已成为一种趋势。未来公司顺应这一潮流,进行了企业流程再造,不断加强公司的信息化建设,为公司知识管理搭建技术平台。

第一,在公司广泛应用计算机,实行"无纸化办公"。公司购买了中央-索夫瑞公司提供的 INFOSYS 软件、央视公司的 ADEX2000 和 INSOFOSYS 数据系统,为信息部门进行信息分析、知识管理提供软件支持。

第二,加强公司的网络建设。公司建立内部网和外部网,使公司各职能部门、各员工能充分利用公司内部知识。客户可以通过网络,方便地获得关于公司产品的知识,包括现有时段产品和即将开发的新产品、公司以往产品的策划广告效果等具有重要参考价值的知识。

第三,为了加强公司知识管理工作,公司成立了信息中心,该信息中心直接由总经理领导,专门负责公司知识管理、知识共享工作,并且设立首席信息执行官一职,加大在信息部门的人员投入。自公司信息中心成立以来,该部门一直致力于公司信息化建设,不断加强与其他部门的联系。信息中心的知识流程如图2-12所示。

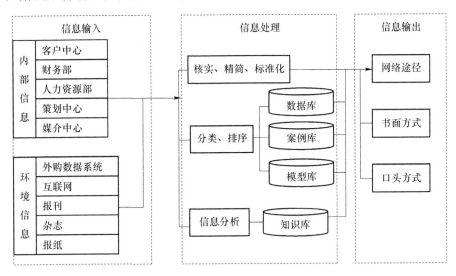

图2-12 未来广告公司信息中心的知识流程

通过从公司内部和公司外部环境中获取信息,信息中心对这些知识进行处理,转化为公司的知识,为决策层提供决策支持、为其他职能部门提供分析报告、为员工提供所需的行业知识、媒介知识等。

第四,建立公司知识库、数据库、案例库和模型库。现以知识库为例来说明,信息中心在充分调查、研究各中心(主要是客户中心)对知识的需求情况后,根据员工的知识需求对知识进行分类、编码,着手建立公司的知识库系统。该系统主要包括四部分。

一是行业知识。由于广告公司客户分布于不同行业,要有效服务于客户,需对广告客户的行业背景、行业特点等相关方面的知识有充分了解。

二是媒体知识。未来公司作为一家媒体经营公司,需对媒体动态时刻关注,以便制订销售方案。该部分知识包括近期国内各大媒体的主要动态,央视五套、央视八套及各栏目最近的收视率、受众特点等。

三是客户知识。客户知识主要指公司客户的各类信息,包括名称,主要的经营范围,地址,主要负责人及其联系方式,与未来公司的交易量、交易次数,最近的主要动态等信息。这些信息除了服务于公司的CRM(客户关系管理)以及提供业务操作支持以外,还将作为公司的知识资源而不断积累下来。

四是业务经验知识。未来公司自1992年成立以来,已有十多年的广告行业运作经验。这些经验对公司的成长是十分重要的。为了使公司广告运作知识及时积累,公司实行了一系列措施,如"三三制"、员工成长手册等。

(2) 利用项目会议促进团队中的知识共享和创新。

项目会议是团队沟通的重要形式。在会议上,员工畅所欲言,充分交流,实现知识共享。这些会议主要包括项目销售转化会、经验共享会、业务促进会等。

项目销售转化会主要是通过具体广告销售项目的讨论,在分享彼此知识过程中激发创造性,以获得创新知识。该会议一般在公司每个销售项目的策划方案制订出台后召开,由项目经理主持。会议上策划人员详细解释策划方案,参会员工各抒己见,大家共同发掘项目的卖点(即项目中能够引起客户兴趣打动客户的地方),挖掘关于广告项目的新知识,项目经理安排专门人员将其总结并精炼,参会员工分享这些知识,并应用到业务销售中,从而更好地打动和影响客户。

经验共享会通过知识共享的方式来增加员工的知识,并在知识共享过程中促进员工创新知识,让员工不断探索更有效的业务方法、业务技巧。例如,当项目经理发现某位销售人员某个广告销售项目做得很出色时,就会召集大家临时召开交流研讨会,由该销售人员介绍经验,其他员工提问,共同分享成功经验。当然,这种共享不仅是共享成功经验,还包括吸取失败的教训或对不成功者进行指导。当项目经理发现某位业务主办某个广告项目遇到困难时,就会临时召开会议,让员工献计献策,既帮助了这位业务主办做好了项目,也创造了一个大家共享知识的机会。

业务促进会主要是业务主管与公司员工之间进行知识共享和交流的会议,由项目经理定时(例会)、不定时(临时会议)召开。会议主要内容是通报业务政策、安排业务工作、制订销售计划与确定销售策略、听取业务反馈、解决工作中的问题、形成知识积累等,使每位员工清楚业务方向,使每位经理全面了解业务进展情况,把握客户动向。

通过"知识会议制度"的实施,促进团队员工之间的沟通和交流,促进员工之间的知识共享,解决工作中出现的问题,激发员工的创新,这既提升了员工的素质,也促进团队业务的开展,积累了知识。

(3) 建立以团队为导向的业务考评制度。

未来公司作为知识型企业所具有的特性和以团队为基础的工作模式决定了其绩效考评系统的设计必须是以团队为导向的。为促进项目团队运作,公司建立人力资源绩效考核的PCG模型,该模型如图2-13所示。

PCG模型包括三个维度,即工作业绩(performance)、协作度(cooperation)、成长度(growth)。

第一,工作业绩。

工作业绩是指被考核对象在工作中与直接工作要求相关的表现以及通过努力所取得的成绩。考核工作业绩的指标可以从工作数量、工作质量、工作态度等方面去衡量。这一维度基本上涵盖了传统绩效考核的主要内容(如对销售人员每个月完成销售额的考核、对财务部门出错率的考核等),这些都属于这一方面的业绩考核。

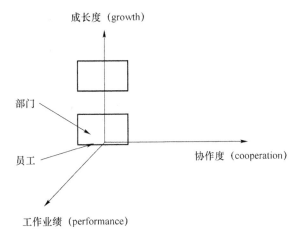

图 2-13　人力资源绩效考核的 PCG 模型

不同工作岗位员工的工作业绩指标内容是不同的,未来公司在工作业绩这一维度上的有关指标可以由员工的职位说明书获得。借助各个岗位的职位说明书,可以确定对员工进行绩效考核及工作业绩维度方面的指标。对于公司各个部门,工作业绩取决于员工的工作业绩,因此对部门工作业绩维度考核指标的设计可以参考该部门主要员工的有关考核指标,并在此基础上加以适当的调整。

第二,协作度。

协作的重要性是不言而喻的,特别是在今天这样一个社会里,竞争已不再单个人之间的竞争了,更多的是每人所在团队之间的竞争。因此,在 PCG 模型中,公司把协作度作为一个与工作业绩同样重要的一个维度加以考核。协作度这一维度主要考核的是被考核对象在项目团队中与其他员工之间进行分工与协作的有效程度。对于员工,它主要考核的是员工与本部门或其他部门员工之间进行合作的程度,或者在组成项目团队时对团队的贡献程度。而对于部门,则主要考核与其他部门之间的沟通与配合的程度,如有无明显的信息滞流、有无沟通的障碍、有无部门的"隧道眼"等。

第三,成长度。

未来公司不仅要关注公司当前的收益所能够给员工带来的收入,而且要关注公司员工个人能力与素质的提升。成长度考核的是被考核对象业绩的增长程度以及能力素质的提高程度。如果说前两个维度主要是基于一个共同平面进行横向比较,那么成长度这一维度则融入时间因素,既包括对被考核对象与其过去情况的纵向比较,也包括对被考核对象之间的横向比较。成长性指标主要涉及员工的创新精神、求知动力、工作主动性和坚持性等指标。通过有关成长度方面的考核,公司可以更加科学合理地利用内部提升的优势,从组织内部培养组织所需要的员工,因为成长度方面的考核会针对未来的工作岗位所需的能力和性格特征进行衡量,在这些方面指标考核出色者将成为公司进行人员提升时的最佳人选。

(4) 建立健全的知识共享和积累的制度。

未来公司把项目团队或业务运作中的知识采用有效形式不断加以积累,以丰富公司的知识库,为企业员工所共享。这一措施的主要做法有"三三制"和员工成长手册。

(1) "三三制"

公司这一制度设计的主要思路如下:每个项目结束后公司全体员工都要在共享公司知识库中已有知识的基础上,按照一定规则和方法提交经验总结型的"三个正知识"和失误改进型的"三个负知识"。公司实现知识共享与积累制度化的主要做法如下。

① 公司全体员工在每个项目结束后都要提交至少三点正面建议性的"知识",如团队运作中总结出的一些正面经验、项目运作的新构思、提高效率的好方法等内容,这三点"知识"简称"三个正知识",同时提交至少三点负面改进性的"知识",如团队运作中的缺陷、公司现行团队工作中的不足等,并且至少针对所发现的一种不足,提出可行的或者是富有创造性的改进办法,这三点"知识"简称"三个负知识"。

② 每个员工提交的"知识"应在共享公司知识库的基础之上,并且不能与知识库内已有知识重复。员工应分别以书面和电子表格的形式提交"知识",同时说明自己提交的合约、主要参考知识库中的哪些"源知识",即要在所提交的表格中填写相应的知识编号。

③ 人力资源中心安排相关人员负责检查员工所提交"知识"的质量(主要是检查是否满足无重复的要求),并将合乎要求的"知识"输入公司的知识库。

④ 如果人力资源部门发现不合格的"知识",则通知该员工于限定的时段内(通知下达后的30天以内)重新提交,否则给予扣除当月奖金10%的处罚。

⑤ 评估新"知识"的价值。对"知识"价值的评价主要依据该"知识"被共享的次数。如果员工所提交的"知识"被公司其他员工分享次数越多,则说明它对公司知识共享的贡献越大,从而就认定该"知识"的价值越大。公司人力资源部门利用知识库系统统计被共享知识的编号,评选出每季度被共享次数前十名的"知识"。

⑥ 对提供每季度被共享次数前十名"知识"的员工给予相应的物质奖励和精神奖励,包括1000~3000元不等的奖金以及公司季度总结大会上的公开表彰。

(2) 员工成长手册

员工成长手册的主要做法如下:借助公司的内部网络平台,在公司局域网内开辟了一个名为员工成长手册的社区。员工可以通过以员工编号(登录账号)和自设密码实时访问该手册。手册中记录了各种与员工业务相关的知识,来自公司任何一个部门的员工都可以分享这些知识。同时,手册自身处于不断"成长"的过程中,公司会不断将新知识补充到手册中,并且每个员工也还可以向手册提问,由公司的人力资源部门组织相关人员解答或者员工之间就有关问题展开讨论。

员工成长手册的内容主要包括三块。

一是"未来讲坛"的内容精华。"未来讲坛"活动包括项目讲坛和专家讲坛。前者的主讲人主要是负责公司重点业务项目的相关人员,由他们来宣讲项目操作过程中的成功经验及失误分析。每期项目讲坛的内容精华由专人整理到员工成长手册之中;后者的主讲人主要是来自高等院校的专家学者及公司聘请的咨询师,由他们来对公司全体员工的思维模式和业务知识进行不断的"刷新"。

二是"业务模拟实战演练"的知识总结。"业务模拟实战演练"就是公司组织新老员工进行相关业务的仿真演习,参加的员工将按要求扮演实际业务中的不同角色,如媒体咨询顾问、公司客户的负责人等,并按照现实的业务操作方法再现业务过程,其他员工从中发现问题并总结经验与体会,这些内容将形成书面记录,充实到员工成长手册中。公司定期开展"业务模拟实战演练",每期开展的主题不尽相同,使个人隐性知识转移为公司显性知识。

三是员工提问的解答与讨论以及员工工作体验。员工在业务开展或实现工作中所遇到的各种问题都可以实时放入手册之中,而公司人力资源部门将每天整理员工的提问并组织相关部门做出解答,同时公司还鼓励员工之间就有关问题展开积极的讨论,分享各自的知识以及彼此的工作体验,所有这些知识将被收录到员工成长手册中。

本章参考文献

[1] 德鲁克. 知识管理[M]. 北京:中国人民大学出版社,1999.

[2] 狄克逊. 共有知识——企业知识共享的方法与案例[M]. 王书贵,译. 北京:人民邮电出版社,2002.

[3] 迈诺尔夫,等,组织学习与知识创新[M]. 上海:上海人民出版社,2001.

[4] Lam A, Firms E. Embedded knowledge: problem of collaboration and knowledge transfer in global cooperative ventures[J]. Organization Studies, 1997, 18(6): 973-996.

[5] Cohen W L, Levinthal D M. Absorptive capacity: a new perspective on learning and innovation[J]. Administrative Science Quarterly, 1990, 35(1): 28-52.

[6] Johannessen J A, Mismanagement of tacit knowledge: the importance of tacit knowledge, the danger of information technology, and what to do about it[J]. International Journal of Information Management, 2001, 21(1): 3-20.

[7] Nonka I, Takeuchi H. The knowledge creating company[M]. [S.l.]: Oxford University Press, 1995.

[8] Boiral O. Tacit knowledge and environmental management[J]. Long Range

Planning,2002,35(3):291-317.

[9] 曹兴,郭然.知识转移影响因素研究及其展望[J].中南大学学报(社会科学版),2008(2):230-236.

[10] 达文波特.注意力管理[M].谢波峰,等,译.北京:中信出版社,2002.

[11] 达文波特.知识管理的若干原则[J].顾信文,译.国外社会科学文摘,1998(6):2-6.

[12] 张娜.团队知识管理文献综述——基于社会网络视角[D].北京:北京邮电大学,2012.

第 3 章　基于知识供应链和知识价值链的京东方知识管理

3.1　知识创新

自人类文明诞生以来,不断发现、积累新的知识以适应改变自然就成为人类发展的一大特征。人类对知识的追求就已经制度化,甚至被当作社会的基本目的之一。在之后的两次工业革命,尤其是在第二次工业革命中,知识被证明能对经济和社会进步有着持久迅猛的推动作用,这种作用不断得到强化,最终在 20 世纪末迎来了一个时代——知识经济时代。

知识创新是古来皆有的事,但是它在当下的地位却远非以往可比。要深入理解知识创新何以在当下扮演着举足轻重的角色,就必须认识知识经济的基本特征,了解高新技术产业蓬勃发展的新情况,懂得知识对国家、公司企业发展的重要性。

自 20 世纪 80 年代以来,知识与经济之间的相互渗透和作用越来越强劲,使得全球经济发生了很大的变化。一方面,知识因素更高程度地参与融入经济活动;另一方面,在以提高竞争力为目的的经济活动中,知识取向不断增强,产品与服务的知识含量不断提高。当今,经济的增长比以往任何时候都更加依赖于知识的生产、扩散和应用。知识创新无疑将主导经济发展的成败。

3.1.1　知识创新的内涵

1. 知识与创新

要明确知识创新的内涵,必须先解释创新这个词的意义。系统性创新理论的提出是在引进了经济学之后,而且其意义大幅扩展,向技术创新、制度创新乃至国家创新系统演变。

创新这一概念最早是由美籍奥地利经济学家约瑟沃·阿罗斯·熊彼特提出的。其在 1912 年德文版《经济发展理论》一书中首次使用了创新一词。他将创新定义为"新的生产函数的建立",即"企业家对生产要素的新的组合",也就是把一种从来没有过的生产要素和生产条件的"新组合"引入生产体系。按照这一观点,创新包括技术创新(产品创新与过程创新)与组织管理创新。

后来,许多研究者又对创新进行了定义,代表性的定义有如下几种。

① 创新是开始一种新事物的过程。这一过程从发现潜在的需要开始,经历新事物的技术可行性研究阶段的检验,到新事物的广泛应用为止。创新之所以被描述为是一个创造性过程,是因为它产生了某种新的事物。

② 创新是运知识相关信息创造和引进某种有用的新事物的过程。

③ 创新是一个新事物从被接受到采纳并运用的过程,即对一个组织或相关环境新的变化的接受。

④ 创新是指新事物本身,具体说来就是指被相关使用部门认定的任何一种新的思想、新的实践或新的制造物。

⑤ 当代国际知识管理专家艾米顿对创新的定义是新思想到行动。

综观各家之言,他们对创新的理解其实并无本质区别,熊彼特侧重于从生产投入说明创新的本质,艾米顿从创新由理念转化为实践的角度理解创新,而其他定义则较重视创新的产出结果,从整体论的角度来看,他们的定义恰好可以互补,全面地解释创新的内涵。我们认为,创新既意味着生产投入要素的变化,也表示投入要素新的组合或生产方法,而由于投入的资源或者生产方法有了革新,所以其产出结果也将以一种新形式出现。所以,从表象来看,创新是指新事物、新方法的出现,从本质上而言,创新是指新要素的投入或生产方式的改进,正是因为其生产函数的变化,产出函数也理所当然地发生了质变。而无论何种形式的创新,其根本目的都是为了获取潜在的利润。

关于知识,没有统一的定义。哲学认为,知识是真理(truth)、信念(belief)和确证(justification)。典型定义如柏拉图之见,他认为知识是经过验证的真实信念。一个对象 P 能否称之为知识需要三个条件。

① P 为真(真实性条件)。

② 个体甲相信 P 为真(信念条件)。

③ 个体甲关于 P 为真的信念必须得以验证(验证条件)。

但是,这一较为权威的定义正在遭受冲击。就认识论而言,对知识最早的关注来自休谟和康德。康德的《纯粹理性批判》想回答的其实就是"我们能够认识什么"的问题。自 20 世纪以来,西方知识论的发展经历了三个基本阶段。

一是逻辑经验论的基础主义阶段。这个阶段主要以罗素和维特根斯坦的逻辑原子主义与维也纳学派的逻辑经验主义为理论基础。它们有一个共同的特点,即都非常强调知识为逻辑的还原,知识与逻辑共同表现为一种基础主义特征。例如,在逻辑经验主义看来,作为核心命题意义的证实问题,可以还原为观察语言与协议语言如何能够被证实的问题;人们所具有的知识都是一座"大厦",而这一"大厦"是由其基础部分来支持的。

二是反逻辑经验论的基础主义阶段。对逻辑经验主义的基础主义观念的批判主要来自日常语言哲学家。他们批判了逻辑经验主义的不可信性的观念，认为任何有关知觉经验的命题都无法避免被驳斥的命运。值得注意的是，后期维特根斯坦提出一种"生活形式"的哲学来代替逻辑经验主义，以科学经验为基础的哲学，以由历史积淀、文化背景等构成的生活形式所产生的习俗"确定性"来代替严格逻辑的确定性，这就为知识论摆脱逻辑经验论基础主义启示了新的思路。

三是分析知识论阶段。这个阶段是以葛梯尔对传统知识的三元定义进行的挑战为转折点而开始的，也就是对上文的3个条件提出质疑。葛梯尔以反例提出，即便满足知识的真理、确证与信念（即相信）这三个条件，确证的真信念也可能不是知识。围绕着葛梯尔问题的解决，出现了不同的理论观点，如内在主义与外在主义、语境主义等。

由以上不难看出，知识论的研究经历了由认识主体内在的逻辑经验开始，逐渐拓展到知识自身研究层面，进而转向主体之外的社会交往视域。这同时表明，对知识范畴的理解已摆脱了传统单向层面的简单化，丰富了对知识多维向度的理解与考察。换言之，我们完全有理由对知识这一范畴进行多种意义的界定。它至少可以从以下方面来进行理解。

① 从知识的来源与客体对象来看，知识简单地可以说是主体对客体对象的反映。这种界定规定了知识的来源及其认识的途径，即知识只能来源于客体对象，我们在实践中对客体对象进行认识或反映。由于客体对象的性质或属性不同，可以将人们通过认识或反映所形成的知识分为不同的类型，如自然科学知识中的物理知识、生物知识、化学知识、天文知识和地理知识，社会科学知识的经济学知识、管理知识、思维科学知识、政治学知识，等等。

② 从认识主体自身因素来看，知识可以说是认识主体的一种能力、技能、信念等。知识的这种界定向度显然是从认识者主体自身的内部因素来进行的，用我们前面的话来说，就是体现了内在主义的思维向度。例如，人与人之间智识程度的差别就将对理解知识产生影响。

③ 从确定知识的逻辑角度来看，其典型定义就是我们上文所言的知识是真理、信念和确证。不过在学术上，从这个角度出发的知识定义至今是百家争鸣局面，尚无各方都认可的定义。

④ 从信息论角度看，知识可以说是一种信息。知识是一种信息，这是现代社会的共识。信息虽然是作为一种通信理论的范畴而出现的，但它的出现具有普遍意义。对信息的定义理解可以说有很多种，但最基本的理解是认为信息是一种携带或蕴含着特定意义的数据或符号，它具有无形性、流动性、可分享性和增殖性等基本特性。从哲学意义上说，信息是物质的一种运动形式，是事物相互作用的运动方式。从哲学的认识论意义上说，它是人们认识活动得以展开的重要因素与运动方式。人们意在通过接收

信息、理解信息、重组信息来展开自己的认识活动。离开了信息,人们的认识活动无法得以进行。知识从某种意义上说,就是意义的凝结物,是蕴含着特定意义的存在。

权威的韦伯斯特词典对知识的定义:知识是通过实践、研究、联系或调查获得的关于事物的事实和状态的认识,是对科学、艺术或技术的理解,是人类获得的关于真理和原理的认识总和。

2. 知识创新

至于知识创新,其概念迟至 20 世纪 90 年代才被正式提了出来,而且内涵不断变化,其定义颇有争议,争议的一个焦点在于知识创造是否属于知识创新。以此为标准,知识创新遂有广义和狭义之分。

广义派认为,知识创新是知识创造、演化、转移和应用的动态过程。它通过追求新发现、探索新规律、积累新知识,达到创造知识附加值、谋取组织竞争优势的目的。

知识创新不仅包括知识的首次发现,也包含着知识的新组合和新应用。从科学的角度上看,正如路甬祥院士所定义的,"知识创新是指通过科学研究获得新的基础科学和技术科学知识的过程。"这时,知识创新"新"的对象就表现其宽泛性,可以包括技术创新、制度创新和管理创新三个方面。从科学的目的而言,科学研究的根本任务是科技创新,即探求未知、创新技术。知识创新包含了所有科学的活动。因此,广义派认为知识的创造、运用以及最终成果都属于知识创新的范畴。

狭义派认为知识创造不应等同于知识创新。例如,著名管理学家彼得·德鲁克认为知识创新仅是指"赋予知识资源以新的创造财富能力的行为"。

知识创造和知识创新更明确的区分是,知识创造的基本含义是创造新思想性的流程性知识的过程,而知识创新则是将所创造的新思想性的流程性知识具体应用于实践并开发生产出新产品的过程。知识创造是产生新知识,其最终目的是为了知识创新,而知识创新则是新知识物化为新产品、流程和服务的过程,它依赖于知识创造;没有知识创造就没有知识创新,有了知识创造并不意味着它必然会转化为知识创新,这是因为知识创新的展开在需要新知识的同时还需要其他的物质和精神性条件。但是,无论两者间的分歧如何,我们可以看到他们在认识论上至少都认为知识创新不像人的其他意识活动单纯是对客观世界的复制和反射,知识创新还蕴藏着改变现有世界潜力的动力。诚如姜进章指出,知识创新具有三相性——知识的创新者具有复制、反射和加工的功能,而加工在创新中有着更为重要的作用。

正是人类社会前赴后继的知识创新活动,人类文明才能经久不衰,更加繁荣。

3.1.2 知识创新的特点

① 知识创新具有高风险性。

知识创新活动涉及许多相关环节和众多影响因素,既受社会环境的制约,也对创新者本人有着较高要求,从而使得创新的结果呈现出不确定性,这意味着创新带有较大的风险性。美国的一份研究报告中曾经断言,美国的每十个专利中,只有一个变成创新。以产品创新为例,在现实中许多企业的产品开发成功率往往都较小,即使在西方发达国家(如美国等),企业产品开发成功率也只有 20%~30%。

知识创新具有高风险的原因之一是创新特别是技术创新需要相应的大量投入,这意味着成本的增加;原因之二是信息具有不对称性,尤其是信息时代导致的信息爆炸使人很难找到真正有用的信息;原因之三是创新的利润回报率在事先很难估计,很多创新因为无法创造应有的社会经济价值而终遭淘汰;原因之四是知识创新主体达不到要求,缺乏应有的科学素养或创新精神,从而使创新难以具有实践性。

② 知识创新具有创造性。

在这里创造性是指知识创新活动与以前所进行的活动相比,有着实质性特点和显著的进步。知识创新具有创造性,还可理解为知识创新必须是创造性构思的结果。

知识创新是把知识用于生产经营等实践活动中的一个过程,它必须具有创造性。第一,这种创造性表现在它所应用的知识是以前所未使用过的新知识,或者是对现有知识中某些知识的改进,从而使旧的知识体系更加完善,应用效果有明显的提高。第二,这种创造性表现在创新过程之中。创新过程是创新主体对知识要素重新组合的过程,在这个过程中,知识创新者创造性地把新知识应用于生产经营等社会实践活动中,实现技术形态的转化。例如,牛顿发现万有引力定律属于创造性新知识的发现,而后来科学家应用此定理发现海王星则属于社会实践过程,即新知识的运用过程。

③ 知识创新具有综合性。

知识创新的综合性体现在知识创新活动需要诸学科、多层次知识的交融。局限在单一的知识体系很难得到创新性的结果,尤其是在知识结构不断分化的当代,伟大的创新往往需要不同领域的知识相互借鉴,相互弥补,才能整合成一个全新的整体。对知识工作者来说,要取得成就,科学素养和人文素养都必不可少。除去理论知识之外,创新的综合性还意味着创新者需要理论与实践的结合,需要理论知识与社会知识的互补,除了考虑知识创新本身的价值,还需要考察它的可行性与实践性。总体而言,知识创新的综合性体现在它对创新主体的能力提出了非常高的要求。

④ 知识创新具有时效性。

知识创新具有时效性,一方面表现在不同创新类型的顺序分配上;另一方面反映在产品的替代过程中。

以企业为例,企业创新一般总是从技术创新或产品创新开始的。因为一种新的市场需求总是表现为产品需求,所以,在创新初期,企业的创新活动主要是产品创新,一旦新产品被市场接受,随之而来企业将把注意力集中在过程创新上,其目的是降低生产成本、改进品质、提高生产效率。当产品创新和过程创新进行到一定程度时,企业的创新注意力会逐渐转移到市场营销创新上,目的是提高产品的市场占有率。在这些创新重点的不同时序上,还会伴随着必要的组织创新。而在产品市场份额下降,需要升级换代时,企业会组织人力开发新的产品,以进行替补,但这种替补必须选准时机,一旦消费者的喜好发生变化或者竞争者早已推出新品,产品创新就很难有预期作用。这说明,知识创新在顺序分配以及投资回报率上都存在显著的时效性。

⑤ 知识创新具有社会性。

知识创新的社会性可分为宏观和微观两个方面。

从宏观上看,知识创新已为世界各国所重视,各国纷纷建立各自的国家创新体系,对高新技术产业以及科研的投资力度都空前加大,全社会出现了创新思潮。数据证实,截至1997年,美国信息高科技产业的产值已超过其国内生产总值的10%,以信息技术为主的知识密集服务出口总值已接近商品出口总值的40%。在2002年以前的十年间,国际经济合作与发展组织成员国的高新技术产品在制造业产品和出口中的份额翻了一番,达到20%~25%。

从微观上看,知识创新的主体越来越向团队而非个人倾斜,知识创新变为多人的投入产出活动,而其综合性是导致这一变化的重要原因。社会性创新既需要企业家的冒险精神和组织管理能力,也需要科学技术工作者的理论知识和技术,还需要创新活动的具体执行者的密切配合。同时,只有科技工作者和生产工作者以及管理工作者共同联合、协作,才能使创新达到预期的目的。由此可见,在当下,组织中的知识创新是一项综合性的活动。

除以上显著特点之外,知识创新还存在动态性、目的性等方面的特征。

3.1.3 知识创新的类型

无论是经验还是学术研究都表明,不同的知识创新、不同类型的知识创新之间存在着明显的差异。这种差异不仅体现在理论上对原有知识体系的变革程度,也涉及实际上创新投入的成本、收益以及由外部性产生的其他价值。因而对知识创新进行明确的分类就具有必要性。

在诸多的创新分类理论中,最具代表性的当属英国苏塞克斯(Sussex)大学的科学政策研究所(SPRU)的分类方法。他们把创新分为渐进的创新、根本性的创新、技术系统的变革和技术-经济范式的变革。这种分类方法主要考虑创新的原创性以及影响性,因此对知识创新领域同样受用,由于这种分类法是由SPRU提出来的,因此也称作SPRU分类法。

① 渐进的创新(incremental innovation)是指渐进的、连续的小创新。这些创新常出自直接从事生产的工程师、工人、用户之手。渐进的创新所涉及的变化都是建立在现有技术和生产能力之上的变化和用于现在的市场和顾客的变化。通常,渐进的创新对产品成本、可靠性和其他性能都有显著的影响。虽然单个看每个渐进的创新所带来的变化是小的,但它的重要性不可低估。这是因为许多大创新需要有与它相应的若干小创新辅助才能发挥作用。

② 根本性的创新(radical innovation)是指在观念上和结果上有根本突破的创新,通常是指组织首次向社会引入的、能产生重大影响的创新技术或产品。它一般是研究开发部门精心研究的结果,常伴有产品创新、过程创新和组织创新的连锁反应。这类创新要求有全新的技能、工艺,以及贯穿整个企业的新的系统组织方式。

③ 技术系统的变革(change of technology system)是指会产生具有深远意义的创新,它会影响经济的几个部门,伴随着新兴产业一起出现。这时,不但会出现根本性的创新、渐进的创新,还会出现与技术有关联的创新群。可以把技术系统的变革视为根本性创新和渐进性创新在社会上层的集中反映。

④ 技术-经济范式的变革(change in techno economic paradigm)是指既伴随着许多根本性的创新群,又包括有许多技术系统的变革的创新。这种创新不仅创造新的产品,而且创造新的产业门类,几乎影响到经济的每一个部门,并改变人们的生活习惯,一般和历史上重大的创新成果相关。

3.1.4 组织知识创新理论

1. 知识创新的 SECI 模型

第一个构筑知识创新过程理论、对知识创新过程做出极大贡献的是日本的野中郁次郎。一般认为知识创新者的主体是具有一定异质知识、权力、资本和位置的个体或组织。但野中郁次郎对组织与个人在知识创造关系问题上的看法却有其独特见地,他认为,组织本身无法创造知识,个人拥有的隐性知识是组织知识创新的基础,并且人们始终以隐性知识为核心建构知识理论。

野中郁次郎通过研究认为,组织的功能是对富有创造力的个体提供支持,或为个体创造知识的活动提供有关情境。因此,组织知识创新应被理解为在组织上"放大"由个体所创造的知识,并将其"结晶"为组织网络结构一部分的过程。在认识论方面,他指出在企业创新活动的过程中存在的隐性知识和显性知识二者之间会互相作用、互相转化,知识转化的过程实际上就是知识创新的过程,并认为隐性知识的转化和作用在知识创新中起关键性作用。在野中郁次郎和竹内弘高于 1995 年合著的《创新求胜》(*The Knowledge-Creating Company*)一书中,野中郁次郎把知识转化归纳为四种基本模式——社会化(socialization)、外部化(externalization)、组合化(combination)和内部化(internalization),即著名的 SECI 模型,后来他又特别指出 SECI 的过程是一种个人、团队、组织和环境彼此之间知识特征动态的交互作用的过程。SECI 四个过程的具体关系可用图 3-1 所示。

社会化指的是隐性知识向隐性知识的转化。它是一个通过共享经历建立隐性知识的过程,而获取隐性知识的关键是通过观察、模仿和实践,而不是语言。个人与个人间通过直接地经验分享创造出新的内隐知识,从而创造一个共有的知识转化场所(ba)。

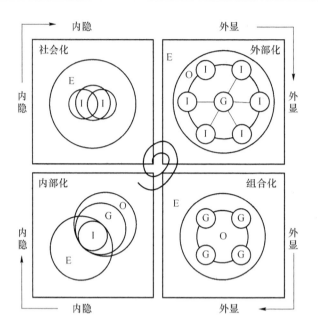

图 3-1 知识转化 SECI 模型

外部化指隐性知识向显性知识的转化。它是一个将隐性知识借助显性化的概念、语言或图片等表现手法清晰表达的过程,其转化手法有隐喻、类比、概念和模型等。这是知识创造过程中至关重要的环节。在外部化过程中,围绕着某一个特定主题,团队中的个人基于自己的隐性知识相互讨论,个人内部的隐性知识经过讨论外化为团体的外部知识。

组合化指的是显性知识和显性知识的组合。它是一个通过各种媒体产生的语言或数字符号,将各种显性概念组合化和系统化的过程。在组合化过程中,组织内的各个团队可搜集内外部信息并予以系统化,重新整合成组织可供应用的显性知识。

内部化即显性知识到隐性知识的转化。它是一个将显性知识形象化和具体化的过程,组织通过"汇总组合"产生新的显性知识,该显性知识被内部员工吸收、消化,并升华成他们自己的隐性知识。在内部化过程中,个人透过实践训练,从组织及环境中学习并获得新的隐性知识。

为说明知识转化过程与具体环境的联系,野中郁次郎进一步提出了"ba"的理论。"ba"是知识创新的知识场,它有四种类型,每一种"ba"支持一种类型的知识转化。野中郁次郎分别命名为"创始场(其英文为 originating ba,支持社会化)、对话场(其英文为 interacting/dialoguing ba,支持外部化)、系统化场(其英文为 cyber/systemizing ba,支持组合化)、练习场(其英文为 exercising ba,支持内部化)"。"ba"的功能与野中郁次郎对知识创造过程趋势的认识密切相关,野中郁次郎除了提出隐性知识和显性知识透过彼此转换的动态过程,使得新知识不断成长与扩散外,还认为知识创造过程呈现一种"螺旋状",即逐步由个人的螺旋成长提升到团队的螺旋成长,进而扩展到组织全体的螺旋成长。因此,四种"BA"的首要目的即为知识螺旋上升过程的具体阶段提供平台,以保障每个转化创新阶段都能达到组织预期的效果。

SECI 模型被提出后,其内容和框架不断丰富完善。野中郁次郎进一步提出了组织知识创造的 5 个阶段,即隐性知识的共享、创造概念、验证概念、建造知识、转移知识 5 个阶段。隐性知识的共享大致与社会化对应,而创造概念类似于外部化过程。所创造的概念在第三阶段必须能被验证,在这一阶段组织可以决定新概念是否值得投入成本进行开发。如果答案是值得,则新概念获得组织批准。在第四个阶段新概念就会被转化为产品原型。事实上,新概念可以是硬产品开发的原型,也可以是软创新中的运营机制。在最后阶段,将所创造的知识扩展。

在野中郁次郎和竹内弘高的基础上,Scharmer 通过对知识创新的最终源泉和驱动力的研究认为,隐性知识可以细分为两种类型:物化的隐性知识和自我超越的知识。因此原有的 SECI 概念也被分解成两个部分,即 SECI1(显性知识和物化的隐性知识的相互转化)和 SECI2(显性知识和自我超越的知识的相互转化)。知识在三种类型的知识之间的相互转换成为知识创新的源泉。这样,知识创新在野中郁次郎和竹内弘高的知识螺旋模型的基础上提出了知识创新的双重螺旋模型。

SECI 模型和"ba"理论对知识组织内部、组织之间的知识创新过程给出了一个系统性解释,是迄今为止最有影响的知识创造过程模型,也是知识管理理论的重要基石之一。该理论的开拓性成就是看到了知识创新与外部环境互动的重要性并提出了具有普适性的模型,将知识创新视为个体、组织与环境之间动态交互的辩证过程,对知识创新和知识管理提出了一个新颖的认识,SECI 理论的提出大大拓宽了知识创新的研究领域。在 SECI 的研究基础上,关于知识创新的理论不断涌现,如知识创新空间理论、群体创新理论等。这些理论在各类组织(企业、社会组织甚至国家)都得到了广泛应用,正产生难以估量的社会价值。

但是,SECI 理论存在一些不足之处。一是它忽略了隐性知识与显性知识的联系而过分注重其区别。例如,Hall 和 Andriani 就认为简单地将知识划分为显性知识和隐性知识是不合适的,并就此提出知识谱(knowledge spectrum)理论,认为知识都是显性知识和隐性知识的复合体,只不过显性知识和隐性知识的构成百分比不同而已,知识创新过程是从隐性知识的极端(即纯隐性知识)到显性知识的极端(纯显性知识)不断发展和进化的过程,因此存在着无数的复杂的转化过程。二是它虽然强调了知识环境客体的作用并在此基础上将理论系统化,但没有对知识转移与知识创新的主体——人和组织——的知识创新行为以及人自身的因素进行深入的分析,忽视了不同知识结构的人进行创新活动的多样性。三是它虽然把组织或者组织内的个人作为知识创新的源泉,但忽略了组织外部的知识对组织的影响以及作用。因此,从实际的维度上考察,SECI 模型所揭示的仅仅是组织知识形成过程的一部分,而并非全部。

2. I-SECI 模型

为改进 SECI 理论,在 SECI 模型基础上,不少学者提出了改进模型,典型的有 I-SECI模型基于复杂系统理论的知识创造过程模型、知识生态循环模型、IDE-SECI 模型、Q-SECI 模型、BAS-C-SECI 模型、PPCO 模型等。本章限于篇幅只介绍其中的两种主要模型,即I-SECI模型和知识创新空间模型。

I-SECI 模型是对 SECI 模型的补充,它主要从以下两方面进行补全考虑。

第一方面,不要把组织当作一个封闭的自治系统。从组织角度看,首先,组织内个体的知识是否能分成隐性知识和显性知识是无意义的,因为只要个体不把他的知识用组织内可以理解的语言表达出来,那么组织就无从了解该知识是隐性知识还是显性知识。其次,组织难以判断外部知识是隐性知识还是显性知识,外部隐性知识是通过组织内的个人传递到组织内的。为此,在以模型方式解释组织知识创造时,不再将组织不能管理的个人知识和组织外部知识细分为隐性知识和显性知识。

第二方面,组织知识应进一步细分为组织隐性知识和显性知识,并且不能与个人知识混淆。隐性知识是指存在于组织中难以用文字规范化、难以言明和模仿、依靠组织语言共享、不易被复制或窃取的各种知识。显性知识是指容易通过正常的语言或文字方式传播的知识,它是可以表达的,也是可确知的,有物质载体。

综上,在探讨组织知识创造的 SECI 模型时,需要把外部知识、个人知识、组织知识作为一个整体予以考虑,并且,组织的隐性知识和显性知识需要区分开来,但组织不能管理的个人知识和外部知识则不宜进行简单的隐性、显性划分。

基于以上分析,提出了图 3-2 所示的组织知识创造模型 I-SECI(I 即 integration,表示内外知识的整合化、一体化),它是对 SECI 模型的修正。

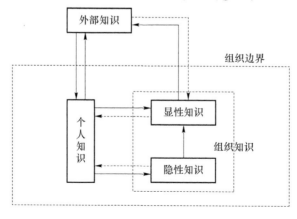

图 3-2 I-SECI 模型

图 3-2 的解释说明如下。

① 图中的实线箭头表示知识从某阶段到另一阶段的过程中可能创造出组织可管理的新知识;虚线箭头表示知识从某阶段传递到另一阶段,不产生新的组织知识。

② 组织显性知识不能直接转化为组织隐性知识,需要借助于组织中的个人。

③ 从知识创造的角度看,有三条大的知识循环路径,分别用 A、B、C 类表示如下。

A 类:外部知识→个人知识→组织隐性知识→组织显性知识→外部知识。

B 类:外部知识(组织知识)→个人知识→组织显性知识→外部知识。

C 类:组织显性知识→个人知识→组织隐性知识→组织显性知识。

除了上述三类主要路径外,在组织内部循环上,也有三种方式,分别用○A 、○B 、○C 类表示如下。

○A 类:组织显性知识→个人知识→组织显性知识。

○B 类:组织隐性知识→个人知识→组织隐性知识。

○C 类:组织隐性知识→个人知识→组织显性知识。

上述○A 、○B 、○C 类循环实质上是组织知识和个人知识的分享过程,即组织知识和个人知识之间的相互转化,在转化过程中,通过组织内的个体,实现组织的知识创造。

④ 在组织内知识转化创造过程中,个人知识和组织隐性知识起到了桥梁和纽带的作用;在组织知识与外界知识转化过程中,个人知识和组织显性知识起到了桥梁和纽带作用。

3. 知识创新空间模型

知识创新空间模型对 SECI 模型进行了完善和补充。该模型是自 SECI 模型之后非常重要的理论成果,在众多领域都得到了广泛应用。

知识创新空间模型的认识论基础源自直觉主义哲学。20 世纪,现代西方哲学、人文学术以至科学都对人类的直觉认知(包括情感认知)有了十分深刻的认识,概括起来就是,在人类的认知中直觉占有极为重要的位置。传统的主观与客观、理性与非理性的划分过于笼统,不能够很好阐释信息时代知识发展的问题。直觉同理性不是一种非理性,而是一种准理性(A-rational),其在理性与非理性之间需要有一个中间的第三层次,即直觉。

知识创新空间模型引入直觉。它是一个 3×3 的矩阵,分为认知和社会两个基本维度。认知维度分为情感、直觉和理性三个层次;社会维度分为个体、群组和人类三个层次。两个维度相互组合,形成了模型中的 9 个节点及 16 种节点关系(见图 3-3)。节点代表知识类型或认知状态,节点关系代表不同类型知识间的转换或特定的认知过程。

为了更好地理解知识创新空间模型的 3×3 矩阵,可以对比 SECI 模型的 2×2 矩阵来加以理解。知识创新空间模型中的理性知识大体相当于 SECI 模型中的显性知识,直觉和情感知识总体相当于 SECI 模型中的隐性知识。但情感中的显性层面(如艺术、文学以及影视等)属于显性知识,而情感中的本能部分则属于隐性知识。

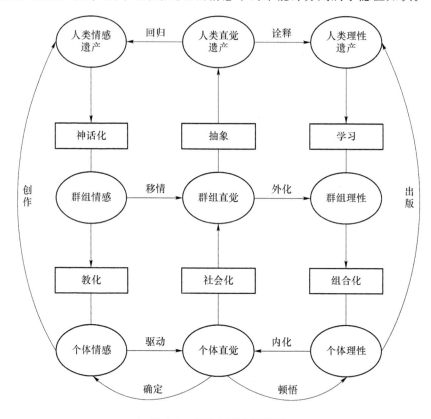

图 3-3 知识创新空间模型

知识创新空间模型蕴含多个知识创新模型,其中最为重要的二个模型就是创新空间右下角由个体直觉、个体理性、群组理性、群组直觉四要素组成的 SECI 模型及 OPEC 模型。OPEC 模型同样包含了 SECI 模型的四个要素,它的转换方向与 SECI 模型中的转换方向相反。还有一个被包含在 3×3 矩阵中的模型是左上角由群组直觉、人类直觉遗产、人类情感遗产、群组情感四个要素构成的 ARME 螺旋模型,这一模型解释的是革命性的知识创新过程。以爱因斯坦的相对论理论发明过程为例,科学上的重大发现常常源于重大的科学危机,科学家在人类直觉遗产(即牛顿的经典力学体系)中找不到合理的解释时,会运用荣格所阐述的集体无意识回归到人类情感遗产中去找寻答案,在此例中即为人类对时空的感觉。另外,Wierzbicki 在知识创新空间理论模型上,进一步提出了 EDIS 模型表达了学术机构的常规创新过程。知识创新过程评述如表 3-1 所示。

表 3-1　知识创新过程评述

序号	作者	知识创新过程
1	Wiig(1993年)	知识的创造、知识的显现、知识的使用和知识的转移
2	Nonaka(1994年)	扩充个人知识；分享个人隐性知识并进行概念化；结晶化；知识校验和质量的评估；知识网络的传递
3	Leonard-Barton(1995年)	认为知识创新包括解决共享问题，实施与整合知识与工具，实验与原型，吸收组织外部知识
4	Szulanski(1996年)	知识的启动、知识实现、上升阶段、集成阶段
5	Andesrne(1996年)	知识共享、知识创造、确定、知识收集、适应、知识组织和知识应用
6	Choo(1996年)	知识理解、知识创造、知识决策
7	Tayor(1996年)	知识开发、知识使用
8	Rob van der spek(1996年)	概念化、反应改进、回顾、内部开发、外部开发
9	Alvai(1997年)	知识创造与开发；索引、集成和内外的互联；知识的应用
10	Krgoh和Garnd(2001年)	新知识的产生、合理性的证明和范例的不断发展和完善

要清楚知识创新空间模型，我们还必须理解直觉知识的概念。直觉知识即关于直觉的知识，可以理解为人类认识世界所依赖的根本性的某些条件以及前提。例如，人类的时空观念就属于直觉知识，人类对世界的感知是中观的，对于微观世界和宏观世界的关系一般来说个人是无法亲知的，但是正是这种中观的感知使人类能够对时空有很强的直觉理解能力。人类运用语言的能力或知识、进行逻辑推理的能力或知识也属于直觉知识范围。这种直觉知识和能力可以在学校教育中通过语言的训练、形式逻辑的学习而得到加强。可以说，包括空间、时间、语言、逻辑在内的直觉认知能力是人类重要的认知能力。在直觉主义者看来，直觉是比经验以及理性更为重要的认识世界的方式。

知识创新空间模型是近年来有关知识创新过程的较为全面、系统的理论论述，对当前创新型社会的建设与发展具有重要的应用和参考价值。作为一个初创的理论，知识创新空间模型难免会有一些不足。例如，该模型中的人类知识类型及其相互转化的有关概念和术语，即有关模型节点和节点关系的名称过于抽象，在一定程度上影响了对该理论的更好的理解和应用。不过，概念和概念关系的不断澄清正是研究工作，尤其是理论研究工作的本质过程。知识创新空间模型目前正在经历不断丰富、完善的自我改进过程。

4. 企业的知识创新过程

关于组织的知识创新过程我们选择了当下两大主流理论进行了叙述。在当今社会经济和所有的组织形式中，企业创新极为受到重视，因此有必要对企业的知识创新过程进行叙述。企业知识创新(管理)的生命周期流程如图3-4所示。

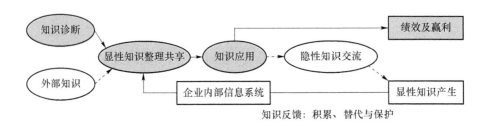

图 3-4 企业知识创新(管理)的生命周期流程

当代跨国大企业间的合作知识创新一般主要集中在合作技术创新领域。技术创新一般表现为新思想、设计、试验、再设计、生产、市场销售,而企业知识创新过程则不仅如此。在参考国内外企业知识生命周期等相关研究文献的基础上,我们可以根据对企业知识创新功能概念的分析研究,绘制出企业知识创新的一般过程模型。企业知识创新过程主要包含企业知识的学习编码、共享、应用和创造过程,并最终指向企业的价值创造。为了完成企业知识创新的不断循环,这个知识生命周期建立了知识的反馈机制和向外界学习的机制。蔡万刚、王艺霖和郑建国认为知识可以给企业提供更大动力并让其取得竞争中的领先优势,为此,公司需要整合公司内部的数据资源,分析外部环境对业务的影响,识别和获取知识,推广企业文化,培养员工个人修养与知识保护意识,提升企业核心竞争力。而且,企业快速创新知识能力是影响企业核心竞争力的重要因素之一。Jaakko Siltaloppi 认为只有经过识别、获取、积累的过程才能使知识得到吸收,而只有对知识进行整合、转移和创新才能使知识得到转化,通过这种方式,可以获得新的服务或产品,以满足消费者的需求。知识创新包括从创造知识到应用知识的一切过程。

可以明显看出,企业知识创新过程突出的是在企业创新过程中知识的重要地位和作用,重点考察的是企业知识的演变转化规律及其对企业价值的意义,而企业技术创新过程强调的是新的产品工艺从研发到市场销售的一系列过程,仅仅着眼于企业的技术类知识。企业技术创新过程中含有部分知识创新,而企业的知识创新概念中也包含了企业技术创新领域的内容。

就特征而言,第一,企业知识创新过程具有不确定性特点。创新的机会可能无法预测,有一个时间表是不现实的,并且进度表也不可能与进展的步调完全一致。创新的失败率很高,创新得到的收益有很大的不确定性。有时,会得到意想不到的收益,有时,即使成功,收益也未必一定大于成本。第二,企业知识创新过程具有知识密集性特点。创新过程中的集成和创造新的知识依赖于人的智慧创造力和知识共享与互动。企业在创新中的学习曲线呈非线性,成长是跨越的,要求其中每个知识节点上的个体都要有紧密的联系和密切的信息交流。第三,企业知识创新过程充满了各种冲突,如创新方案之间的竞争、创新主体之间的利益冲突、创新组织与原有组织的冲突等。因此,企业知识创新过程必须面向市场和未来,离开这个原则,企业知识创新将失去应有的价值。

3.1.5 开放式创新

关于开放式创新的内涵,从资源的视角来看,Chesbrough 主要关注内部和外部所有有价值的创新的使用,同时使用内部和外部市场渠道。Hastbacka 的主要观点是开放式创新是组织综合运用内部和外部技术和创新理念,同时组织可能通过向市场进行技术转让和资源分派,再由市场将信息反馈给研发部门。West 和 Gallagher 的主要观点是把企业的能力和资源与外部获得的资源整合起来,并通过多种渠道开发市场机会。从流程的视角上看,Chesbrough 的主要观点是有目的地利用知识的流入和流出。Lichtenthaler 主要观点是进行内外部的知识开发、知识保持和知识利用的活动。从认知的视角上看,West 等的主要观点是开放式创新是一种创造、转化、研究这些实践的认知模式。高良谋和马文甲从创新来源和创新的商业化运用角度比较了封闭性创新和开放式创新的区别,如表 2-1 所示。

表 3-2 封闭式创新和开放式创新的比较

角度	封闭式创新	开放式创新
创新来源	本行业里最聪明的员工都为我们工作	并不是所有聪明人都为我们工作,企业需要和内部、外部所有聪明的人通力合作
	为了从研发中获利,企业必须自己进行发明创造,开发产品并将其推向市场	外部研发工作能创造巨大的价值,内部研发工作需要或有权力分享其中的部分价值
创新的商业化运用	如果企业自己进行研究,就可以率先把新产品推向市场	企业并非必须自己进行研究才能获利
	最先把新技术转化为产品的企业必将胜利	建立一个更好的企业模式要比把产品争先推向市场更为重要
	如果企业的创意是行业内最多的,企业一定能在竞争中获胜	如果企业能充分利用内部和外部所有好的创意,那么就一定能成功
	企业应当牢牢掌握自身的知识产权,从而使竞争对手无法从其发明中获利	企业应当从别人对其知识产权的使用中获利,同时只要是能提升或改进企业绩效的模式,企业同样应该购买别人的知识产权

最近,全球著名的管理咨询公司埃森哲与美国普渡大学合作,调研了数十家大型企业研发情况,通过对研究结果的分析,他们将开放式创新重新归纳为四种模式。

① 传统 IP 合约模式。传统 IP 合约模式指的是某一方提供技术,然后双方进行合作,这样可以让自己明显区别于其他品牌,最终与合作方实现共赢。

② 开放式创新合作模式。在项目的情况特别复杂,企业自己推进较为困难的情况下可以采用这种模式。企业通过与特定的合作伙伴进行合作,发挥双方的优势,从而实现创新。惠普公司曾想开发一种电影制作的新技术,当时认为与梦工厂公司合作是一个不错的选择,因为两家的资源可以互补,如果两家公司在技术上也能强强联合,那么就极有可能成就重大创新。

③ 开放式创新平台模式。开放式创新平台又称作开放式创新竞赛,是指企业明确自己需求却没有明确的合作对象,可以通过提供平台,扩大覆盖面,但是,最终的知识产权归企业所有。

④ 开放式创新社区模式。在问题比较复杂,需要多边合作,共同解决问题的情况下,开放式创新社区模式是一个不错的选择。福特公司曾经想要开发一种智能化的移动解决方案,但发现自己面对的问题非常复杂,所以,福特公司借助一个开放社区的平台,设立一系列创新比赛,鼓励核心业务人员参加,最终取得了很好的效果。

3.2 基于知识供应链和知识价值链的京东方知识管理研究

3.2.1 京东方概述

1. 公司介绍

京东方科技集团股份有限公司(简称京东方,英文缩写为 BOE)成立于 1993 年 4 月,是一家为信息互动和人类健康提供智能端口产品和专业服务的物联网公司,其核心业务包括显示和传感器设备、智能系统和健康服务。作为半导体显示领域的全球领导者,京东方的显示产品广泛应用于手机、平板电脑、笔记本计算机、显示器、电视机、可穿戴设备等领域。京东方的智能系统为汽车、金融、教育、艺术、医疗等领域的物联网提供了全面的解决方案。

京东方是中国大陆液晶显示器行业的先驱和领导者。自 2003 年以来,京东方先后在北京和合肥建成中国大陆第一家第 5 代 TFT-LCD 生产线,结束了中国大陆的"无自主液晶显示屏时代"和"无大尺寸液晶显示屏时代",真正实现中国全方位的液晶屏本土化。2015 年,京东方生产的世界最高世代线 10.5 代 LCD 生产线将在全球显示领域开启一个新的里程碑,引领大尺寸 8K 超高清显示新时代。中国显示行业的领导者已成为半导体显示行业的全球巨头。

2018 年,京东方新增专利申请量为 9585 个,其中发明专利超 90%,累计可使用专利超 7 万个。美国商业专利数据显示,2018 年京东方美国专利授权量全球排名第 17 位,成为美国 IFI Claims TOP20 中增长速度最快的企业。截至 2018 年第三季度,京东方智能手机液晶显示屏、平板电脑显示屏、笔记本计算机显示屏、显示器显示屏、电视显示屏出货量均位列全球第一。京东方的财务报表显示,2017年,京东方实现营业收入938亿元,同比增长36.15%;归属于上市公司股东的净利润为75.68亿元,同比增长301.99%。

京东方在北京、重庆、安徽合肥、四川成都、四川绵阳、福建福州、福建厦门、江苏苏州、内蒙古鄂尔多斯、河北固安等地均设有制造基地。在美国、德国、日本、韩国、新加坡、印度、俄罗斯、巴西、阿联酋等都设有分公司,服务体系覆盖欧洲和亚洲的主要地区。

2. 发展历程

1956年北京电子管厂成立,1956年至1992年北京电子管厂连续七年严重亏损,1992年9月,以王东升为首的新领导团队组成了,他们成立了液晶事业部,同时跟踪多种平板显示技术的发展动态。1993年4月,由各方共同出资的股份制企业——京东方科技集团股份有限公司——成立,企业当年实现扭亏为盈,结束了连续七年亏损的记录。创始人王东升担任董事长兼首席执行官。

1994年1月,京东方与日本旭硝子、丸红、共荣合资成立北京旭硝子电子玻璃有限公司。1994年2月,王东升董事长发表《改革与发展基本思路》,提出"国际化、高新化和多元化"的企业经营战略。

1997年2月,王东升董事长发表《迎接新的挑战》,同年6月,企业B股在深圳证券交易所上市,股票名称与交易代码为"京东方B(200725)",成为北京第一家B股上市公司。京东方与台湾冠捷科技合资成立北京东方冠捷股份有限公司,京东方持股52%,并在华北地区建立首个显示器生产基地,此时京东方下游产业布局已完成,开始发展显示设备业务。

1999年,京东方集真空技术优势于一体,成立了京东方真空电器有限公司,它的真空灭弧室制造技术达到国际先进水平。北京京东方特殊显示技术有限公司成立,提供显示系统和解决方案。2001年,公司在深圳证券交易所增发A股,成立AMOLED技术实验室,收购海力士电子有限公司的STN-LCD和OLED业务,并进入移动显示器行业。2003年1月,京东方收购HYDIS的TFT-LCD业务,组建BOEHYDIS技术株式会社,进入TFT-LCD领域,建成中国大陆第一条基于自主技术建设的显示屏生产线,填补了国内TFT-LCD显示屏行业的空白,结束了"中国无液晶电视时代"。京东方TFT-LCD业务的战略布局正式启动。

1994年至2013年,京东方的科技主营业务从创立初期的8000万元发展为2003年的100余亿元,在10年增长了100多倍,京东方从一个生产电子管的传统工厂发展到显示技术领域的知名企业,而且在"电子百强"的综合排名中节节攀升,从1997年的第99位跃居到2002年的第13位,五年内上升了86位。京东方改制前后数据的比较如图3-5至图3-7所示。

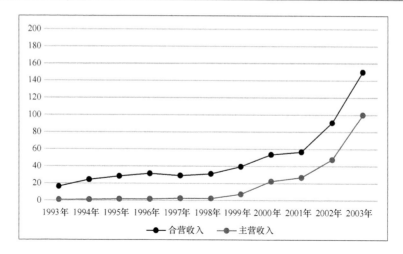

图 3-5　改制前后的数据比较——销售收入（单位：亿元）

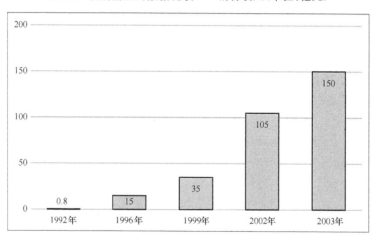

图 3-6　改制前后的数据比较——全员劳产率（单位：万元/人）

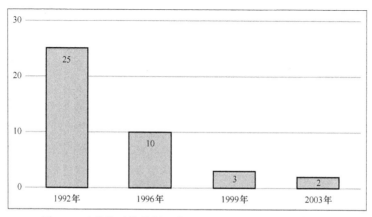

图 3-7　改革前后的数据比较——百元产值能耗（单位：元）

从 2005 年到 2013 年,京东方开始向国际化迈进,不断填补国内在显示方面的技术空白,不断创新,在 2013 年开始对智能产品进行研究。2005 年,京东方北京第 5 代线量产,产品供应三星等国内外客户。2006 年,京东方新加坡成立,目的是在东南亚开展业务。2008 年,投资建设京东方成都第 4.5 代 TFT-LCD 生产线。2009 年,京东方能源科技有限公司成立,正式进入光伏行业。开展手机显示屏和笔记本计算机显示业务,供应联想等国内外客户。京东方建设的中国大陆第一条 8.5 代线——京东方北京 8.5 代 TFT-LCD 生产线,终止了中国"无大尺寸液晶显示屏时代",真正实现中国全方位的液晶屏本土化。中国大陆第一条高代线——合肥京东方第六代 TFT-LCD 生产线——的建设结束了中国液晶电视依托进口的历史。2010 年,京东方推出平板电脑显示器业务,并向三星等国内外客户提供产品。而且,京东方还开展电视显示业务,产品供应海尔、海信、康佳等客户。京东方先进显示技术实验室正式投入使用。2011 年,京东方的日本子公司和研究中心在日本东京成立。中国第一条 AMOLED 生产线(京东方鄂尔多斯第五代 LTPS / AMOLED 生产线)和自主创新的 AMOLED 显示技术的建设填补了中国 AMOLED 产业的空白。2012 年,京东方的"用于薄膜晶体管 LCD 的驱动器"专利荣获"中国专利奖"的最高荣誉——中国专利金奖。京东方推出全球首款 110 英寸超高分辨率 ADSDS 液晶电视,该电视获得吉尼斯世界纪录大奖,成为全球最大的液晶电视;整合成立显示器件事业群(DBG);推出全球规模最大的 65 英寸超高清氧化物显示屏;投资京东方合肥第 8.5 代 TFT-LCD 生产线;推出全高清透明显示器和双视图显示器;在美国加利福尼亚州圣克拉拉硅谷成立美国子公司和研究中心,开展北美业务。2013 年,全国首个 9.55 英寸 AMOLED 柔性显示器上市,标志着中国大陆柔性显示器领域取得重大突破。京东方推出全球首款具有 4 倍显示性能的 98 英寸 8 K 超高清显示器,它可以最大限度地恢复真实的色彩,覆盖人眼的整个视野并提供强烈的存在感,并且京东方推出全球首款 5.5 英寸 ADSDS Full HD LTPS 手机屏幕。

2014 年至 2017 年是京东方蓬勃发展的时期,在此期间它确立了自己在国内外行业中的领先地位,众多专利和创新彰显着京东方雄厚的知识积累。在显示行业保持高速发展和不断突破创新的同时,京东方逐渐向着智能、健康、大数据等高新行业迈进,并在高科技行业取得一定的成绩。

2014 年,京东方智能手机显示屏和平板电脑屏幕的市场份额位居全球第一,显示屏和笔记本计算机屏幕的市场份额位居全球第五。京东方在德国法兰克福成立欧洲子公司,开展欧洲业务。京东方的"移位寄存器单元,用于显示的栅极驱动器和液晶显示器"专利荣获"中国专利奖"的最高荣誉——中国专利金奖。京东方全球推出首款 65 英寸 OGS 多点触控显示屏。为提升品牌形象,加快国际战略布局,它启动了主题项目"点亮成长之路"和"梦想空间",为儿童拓宽视野,启迪梦想。同时,京东方投资美国 AR 公司 Meta,以加速在可穿戴和增强现实技术领域的布局;整合成立健康服务事业群(HBG);推出全国规模最大的 55 英寸超高清 AMOLED 显示器。同年,京东方加入美国麻省理工学院全球产业联盟,成为中国大陆首家显示领域高科技企业会员。

2015 年,京东方智能手机显示屏和平板电脑屏幕的市场份额位居全球第一,电视显示屏和显示屏市场份额位居全球第四。笔记本计算机的市场份额是全球第五。京东方建成全球首条 10.5 代线——京东方合肥第 10.5 代 TFT-LCD 生产线,开创大规模超高清显示新时代;与 IBM 合作构建基于认知计算的智能、健康、大数据平台;推出全球首款最高分辨率的 10K 显示屏——82 英寸 10K 超高清显示屏;推出全球最大的 110 英寸 8K 超高清显示屏。

2016 年,京东方智能手机液晶屏、平板电脑屏幕和笔记本计算机屏幕的市场份额是全球第一。显示器显示屏在全球市场份额第二,电视液晶显示器在全球市场份额第三。京东方还推出了物联网透明显示系统的整体解决方案。2016 年,京东方董事长王东升创造性地提出"开放两端,芯屏气/器和"的物联网生态系统的概念,已经完全打开了应用和技术的一面,京东方将与全球合作伙伴共同分享新的市场机会。并且,京东方投建了重庆智造服务工厂。在里约奥运期间,京东方 8K 超高清显示产品首次实现了 8K 现场直播,京东方推出全球最薄 8K 显示器——65 英寸 8K 超高清显示器,最薄处仅有 3.8 mm。全球创新活动的领先指标——汤森路透发布"2016 年全球创新报告"——显示,京东方在 2015 年已成为全球第二大半导体领域的创新公司。投资 Precision Electric International,进一步加速了京东方汽车显示器业务的全球战略布局。

2017 年,京东方在迪拜成立了中东子公司,开展中东业务。同时,京东方推出可定制的智能流式镜子、智能平视显示器(HUD)系统以及可与手机和语音控制相互连接的完整解决方案。在美国专利服务机构 IFI 发布的 2016 年美国专利许可统计报告中,京东方位于第四十名,专利数量增长率位于第一名。

3.2.2 知识管理结构体系

1. 项目背景

京东方科技集团股份有限公司是一家在中国深圳证券交易所上市的高科技股份制公司。随着京东方国际化战略的推进,该集团实施了基于行政办公自动化的信息平台,但这远远不能满足集团发展的需要。因此,基于此信息平台,集团需要建立基于内容管理架构的知识管理平台。平台具有如下功能:知识积累、知识共享、协同办公和知识挖掘。要求平台具有一个标准的、开放式的界面,可与企业现有和未来的信息应用程序集成。

经过严格的研究、分析和评估,京东方最终决定使用 TRS WCM,即 TRS 内容管理平台,它涵盖了网站建设、内容服务、内容传递等,具有元数据管理、自主建站、大规模网站群应用、场景式服务、多媒体管理等功能。TRS 数据库服务器等产品构建了集团知识管理平台。京东方选择 TRS 内容管理平台来实施其知识管理平台的主要原因如下。

① 随着业务的发展,京东方需要一个优秀的知识管理平台来支持公司先进的信息管理系统。

② TRS 是可靠、成熟的产品,具有周到的服务,TRS 在内容管理领域有着很好的声誉。

③ 京东方亲自考察了 TRS 使用的内部知识管理系统,并认为其模型与其自身的知识管理需求非常一致。TRS 知识管理解决方案提供的知识库、案例库、知识库文档库和个性化知识管理桌面,非常贴近用户的需求。此外,TRS 开放完整的内容管理框架还可以满足企业异构信息集成和应用集成的需求,具有很好的可扩展性,可为京东方知识管理平台预留未来发展空间。

2. TRS 知识管理解决方案

(1) TRS 知识管理的关键内容

① 多元知识共享平台。它是多范围、多层次、多层次的信息共享形成的知识分组平台。

② 群组协同办公环境。它可提高管理能力和办公效率,增加公司内部的流通速度和知识共享,消除信息孤岛,促进隐性知识的明晰化。

③ 知识管理和知识挖掘。在企业的长期业务实践中积累的大量信息(特别是大量非结构化存储信息)可用于查询、编辑、发布、存储和挖掘知识,实现商业智能和知识创新。

(2) 知识共享和发布平台

企业知识共享和发布平台主要是指企业知识门户。企业知识门户是员工日常工作相关主题的统一入口。通过企业知识门户,任何员工都可以实时联系工作团队的其他成员,找到可以提供帮助的专家或快速查找相关知识。利用 TRS 内容管理平台的可视化模板管理、列管理、用户权限管理和工作流程管理模块,可以快速部署京东方知识门户,共享和发布企业知识。

(3) 协同办公环境

电子邮件。企业电子邮箱可以通过企业知识门户直接登录。

网络会议。每个相关人员都可以参加会议,并且可以上传文件,在会议室中显示图片,还可以使用音频和视频会议。

即时通信。用户登录互联网后,可以查看其他用户是否也通过当前在线登录到互联网,并可以使用网络会议中的呼叫功能或邀请功能向其他用户发送即时消息。

快速回复。利用 TRS 快速回复功能,通过简单的复制和粘贴,即可完成插图和文本的回复,每个员工都可以反馈其他人发布的信息,提出自己的建议。

工作流控制。使用 TRS Visual Workflow Editor,可以轻松定制各种有用的工作流程、工作节点和进行人员配置,无须任何技术背景。TRS 支持条件工作流程的驱动引擎,可结合各种现代通信方法(如电子邮件、即时消息和 SMS 等)提供提醒消息。TRS 实现了从面向功能的事务处理向面向过程的事务处理的转换。

日程安排。通过 TRS 时间表功能,可以显示您的时间表,并且还可以查看其他员工的公共活动安排,以促进协调。

培训功能。通过 TRS 知识管理平台的培训功能区域,公司员工可以通过登录公司的知识管理门户,实时地为客户进行产品演示和培训,无论其位置如何。

(4) 知识管理和知识挖掘

① 全能内容检索

通过 TRS 实施企业知识管理,特别是对非结构化信息形式的文本、网页、图表等,进行中英文混合检索、结构化和非结构化数据混合检索以及综合检索。

② 智能知识挖掘

TRS 智能知识挖掘系统突破了文本处理机器匹配的基本模式,实现了智能信息处理,有效解决了当前信息过度、信息丢失、信息独立等问题。智能知识挖掘包括自动分类、自动汇总、文本聚类和相似性检索。

3. 项目效益

TRS 知识管理平台提供知识管理环境,连接各级组织和个人,并在知识共享的基础上为个人、部门和公司提供三级沟通渠道,大大扩宽了知识的来源,吸纳了内部和外部知识,促进了知识的共享,为知识的循环创新打下坚实的基础。它还提供了各种协作工作环境,以确保沟通的有序进行。

TRS 针对京东方实施的知识管理平台优化了集团内部资源配置,提升了整体动态协调能力。在项目运行的初期,京东方选择了在部分部门和分支机构实施知识管理平台的管理和运营,取得了显著的管理成果。如果提前实施知识管理平台,不仅会方便工作,还会提高工作效率。目前,TRS 知识管理平台已经全面应用于京东方的日常运营。

3.2.3　iMaker 案例

iMaker 中的"i"代表 intelligence,"Maker"则是指一群将想法变为现实的人,即所谓的"创造者"。"Maker"是今天的大众创业最重要的创新来源。京东方赋予了 iMaker 全新的含义。在这个生态系统中,京东方将智能制造的传统优势与制造商产品的产业化相结合,旨在为客户提供更好的服务。它还激发了大众的创业精神和创新精神,最终通过智能制造服务帮助京东方实现了"中国制造 2025"。

关于 iMaker 的运作方面,京东方认为"创客是制造业的长尾",实际上人们通常认为标准制造是当前制造业的金科玉律,只有实现标准化制造才能最大化销售。但是,京东方通过近几年的分析和思考,相信由设计师提出概念,而由创作者设计出来的产品整体销量可能超过标准制造出来的产品。传统的生态模式是客户大量向工厂交付订单,并在工厂完成生产和加工。在大多数人的观念中,"Maker"只能在车间实现他的创意梦想。但是,京东方却将"Maker"引入生态模型,iMaker 在线平台将制造商与工厂、创作者、客户联系起来。如果创作者的想法非常好,并且有很多人想要创作出的产品,那么京东方可以连接制造商、工厂和客户。让制造商的创造力可以批量生产,以实现批量交付。

那么,为什么京东方需要通过企业文化和市场地位两个方面来做 iMaker? 从京东方智慧系统事业群的文化出发,尊重所有用户为中心,一切以企业家为基础,只有创建完整的生态系统,以服务用户为核心,才能真正实现双赢。随着当今社会的发展,物质经济高度发达,人们需要个性化和个性化的产品。然而,个性化或定制化却由于价格昂贵且难以实现而无法进入千家万户。在单一的定制服务中,会出现以下现象。

① 没有人愿意这样做。客户对单件定制的需求宽松,所需数量小,类别数量大,而且产量很小,因此传统制造企业应对困难更大,很少有企业愿意承担定制服务。

② 单独定制的从业人员通常属于专业领域,例如,对于木居创联,如果是他们正在制作的木制创意产品,他们都可以应付,但如果要他们扩大木制品生产范围,如在木制品上添加金属片,这可能对于木居创联来说就是比较困难的。后期的大规模生产面临同样的问题,难以在单一领域形成联盟,这是制约个性化定制服务的重要因素。

③ 建立一个虚拟社区、一个在线平台,但它不能实际进行实施。例如,一些著名的制造商网络非常擅长收集创意,但你想将创意实现,却没有可以尝试的物理空间或设备。

④ 从市场角度看定制服务现状,国内大部分工厂仍处于批量标准化生产阶段。但是,随着个性化定制的发展,一些公司已经开始从大规模生产转向大规模定制,如海尔冰箱定制平台等。

没有统一的认识,也没有决心走向大规模定制。在大规模定制领域,企业很少有"开放式目标",京东方提出的 iMaker C2M2C 模型是对这一概念的尝试。

iMaker 提出了"拥抱开源创新,引领智造未来"。BOE iMaker 创建了一个完整的创新生态系统,这个开源社区在概念上类似于 Apple APP Store。只有让富有创意的想法聚拢和碰撞,才能在整个创新领域进行创新,最终帮助创作者实现梦想并改变业务。

iMaker 生态模型的一个组成部分是创客家。创客家是互联网制造者的社区,既可以让创意客户提供想法,进行创业分享,也可以促进人们互相交流,集思广益并产生更好想法,让大家可以从多个方面更好地丰富自己的知识。为了更好地改善创客家社区,京东方致力加入了 1 000 家优秀的内部制造商。在 1 000 人的技术和显示专业知识的帮助下,它吸引了第一批热爱显示技术的爱好者。而该领域相关技术的展示将成为社区的第一部分。随着社区功能的逐步完善,京东方还将联合其他领域的优秀制作人,逐渐将创客家化为研究领域的富互联网社区。截至2015年底的数据显示,京东方内部业务中拥有学士及以上学位的人员总数约为42 000人,其中涉及的工程师总人数为17 000人。拥有这些技术领域的优秀专家支持,当我们的在线平台得到进一步改善时,每个人都可能对如何实现自己的想法有所了解。

iMaker 生态模型的另一个重要部分是创客工坊(Maker Workshop)。TechShop是美国 Integrated Maker Workshop 的知名成员,人们可以在其中找到制作所需的大部分工具和设备。TechShop 是京东方的重要合作伙伴。京东方希望借鉴 TechShop 的经验和商业模式,搭建以京东方为基础的专业展示车间。

在 BOE Maker Workshop,京东方为创客提供专业技术背景,提供相关的技术指导,帮助制造商克服一些技术问题并与制造商取得共同进步。在这里可以找到显示器行业最先进的制造设备。工坊联盟汇集了许多垂直工作坊,让更多创作者在 iMaker 生态系统中交换想法,并在该系统中实现产品的试制和产业化。工坊联盟是创造客家概念的延伸。在不久的将来,京东方将与国内知名厂商社区〔如木材应用、木柴空间(电子硬件)和烟花作坊(在线 VR 产品设计)〕合作,共同创造一个更好的研讨会联盟,让所有创意客户都能在这里实现自己的创造梦想。

3.2.4　京东方知识管理模型

1. 京东方基于知识供应链的企业内网知识管理模型

(1) 知识供应链

在知识供应链的概念方面,美国的"下一代制造项目"(next generation manufacturing project, NGMP)最早提出了知识供应链(knowledge supply chain, KSC)这个名词。陈菊红、汪应洛和孙林岩认为,知识供应链是功能性网络链,通过供求关系关联知识的供给、创新、使用和传播,这将概念化知识转化为知识丰富的产品,然后交付最终用户。

从供应链角度,Rechard Hall 和 Pierpaolo Andriani 认为知识供应链是供应链隐性知识的一种管理方法。C. W. Holsapple 和 M. Singh 在"识别、培养和转变核心竞争力的过程等同于管理知识供应链的过程"这个意义上,提出了一个基于组织知识与组织核心竞争力之间关系的系统知识链模型。它包括知识链的输出和知识链的主要部分。主要活动包括知识的获取、选择、生成、内化和外化。

张曙从产学研的角度认为,知识供应链是一体化产业、企业、大学和研究机构的知识,通过对其系统化,从而为企业提供一个提高效益和创新能力的方法;知识生产者是大学和研究机构,而知识供应链的最终用户是企业。蔡翔认为,在国家层面,知识供应链的核心包括公司、大学、研究机构和科技机构,其中,企业是知识的需求者、购买者、使用者和提供者,大学和科研机构是知识提供者。技术中介机构是需求信息和供应信息的所有者;从企业微观层面看,知识供应链的主体主要是技术工人、研发人员、销售人员和企业家,其中企业家是核心主体。蔡翔还将知识的发展过程分为三个阶段:知识积累、知识创新和知识经济化。

刘翼生和吴金希认为,企业选择、吸收、组织、改造和创新各种内外知识,形成了无尽的流动循环,在这个过程中,知识供应链是无形的链,将人与人、人与组织、组织与机构以及企业与外部环境联系起来。

李翠娟、宣国良认为,知识供应链是知识型供应链,其主体是知识供应源、企业和客户。知识流动是知识积累阶段、知识创新阶段和知识经济化阶段。企业的知识创新集中在企业的 R&D(research and development,研究和开发)流程和生产制造的在这个过程中,企业知识经济化的过程就是向顾客出售具有创新知识的产品。李翠娟、宣国良总结了知识供应链的概念模型,如图 3-8 所示。

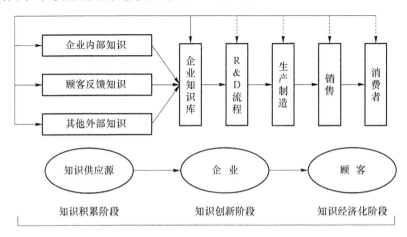

图 3-8　知识供应链的概念模型

(2) 模型构建

知识供应链的概念模型包括知识供应源、企业、顾客三个部分,以及知识积累阶段、知识创新阶段、知识经济化阶段三个阶段。结合京东方企业内网资料,现给出京东方企业内网的知识管理模型,如图 3-9 所示。

(3) 模型解析

标准应用开发接口是模型中知识输入和输出的中枢接口。单箭头表示知识的单向流动供应,双箭头表示知识双向流动供应。应用功能组件层和应用层的项目较多,图 3-9 上予以省略,具体关于应用功能组件层和应用层的下文叙述会给出。

知识输入。标准应用开发接口接收企业内部和外部知识,还有客户反馈知识,知识来源包括全球范围内的机构、中国各个地区的机构、京东方北京总部和各个下属机构、移动办公的人员、个人电子邮件和手机、内部知识管理结构的应用功能组件层和应用层、生产制造和销售的过程、消费者反馈。以上的渠道都会产生知识,从而流通进入标准应用开发接口,然后进入企业内部。

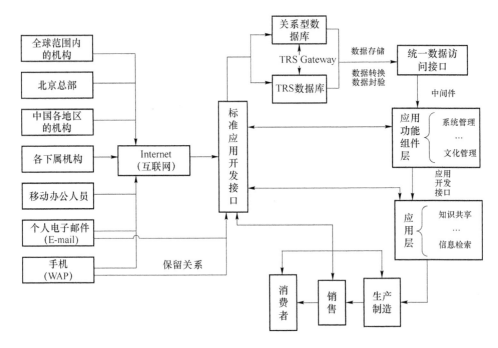

图 3-9 京东方企业内网的知识管理模型

知识输出。进入标准应用开发接口的知识可以进入企业数据库,继而继续流通,供应企业进行知识存储、装换和封验;可以直接进入并参与企业的知识处理、加工和创新过程,如进入应用功能组件层和应用层;可以直接提供知识给消费者和企业生产制造和销售。

企业数据库。企业数据库是对知识进行储存和再加工的地方,包括两部分:一个是关系型数据库;另一个是 TRS 数据库。这两个数据库之间通过 TRS Gateway 进行互动联通,在企业数据库里面的知识经过处理,可以从统一的数据访问接口输出,经过中间部件进入企业的应用功能组件层。

应用功能组件层。京东方应用功能组件层包括系统管理、网上调查、权限管理、网络会议、项目管理、全文检索、采集管理、培训系统、内部论坛、模板管理、协同工作、导航管理、用户管理、专家系统、公文流程、文件管理、资源管理、发布管理、组织管理、工作管理、文化管理。应用功能组件层可以接受来自统一数据访问接口和标准应用开发接口的知识和数据,也会把处理后的知识反馈供应到标准开发接口。在应用功能组件层的知识通过应用开发接口进入应用层。

应用层。京东方应用层包括知识共享、信息编辑、信息签发、知识发布、网上阅文、信息审核、知识检索。应用层接受来自应用功能组件层和标准应用开发接口的知识,也会把处理后的知识反馈供应到标准开发接口。应用层把知识供应到生产制造流程。

生产制造、销售和消费者。知识从应用层流出,输入生产制造流程中,流经销售流程,然后到达消费者。生产制造、销售和消费者可以从标准应用开发接口获得知识,也可以在实践的过程中形成创新并反馈回去,即同时作为知识的接收端和供应端。

(4) 模型作用

① 知识供应来源丰富

企业内部知识、企业外部知识和客户反馈知识是企业知识创新的重要组成部分,也是企业知识创新的基础。在产品长期的销售过程中,企业和客户建立了长期的、良好的互动关系,客户可以传递自己企业的相关产品,企业可以通过客户了解自己竞争对手的产品信息和其他相关情况。模型会帮助提供有关最新需求知识的反馈,并且将其在企业中传播与分享,这些知识大多数是企业中罕见的私人知识。除了这些,企业还与外部各种不同类型的机构、公司、企业等有着横向的联系,与自己内部相关单位、部门等有着纵向联系,企业可以通过对话、访问等方式及时地了解到市场的变化和产品的最新发展,这些也是企业获得知识的重要渠道。

② 满足企业知识需求

京东方所处的行业是一个信息密集型产业,企业对知识的需求越大,那么知识流动越快,知识转移越快,知识扩散越广。企业知识供应链的形成需要企业致力于知识的索求,同时还依赖于企业信息化的发展。通过对知识的需求,企业可以弥补与同行或者整个行业的知识差距,同时通过大量的知识需求,企业可以通过量变产生质变,催生出新的知识,而且对新知识也可以实现转化和增值。京东方的知识管理模型收集企业可以获得的所有知识,并把知识融入企业的日常应用、研究开发、生产制造和销售中。而且在这些活动中可以实现知识的合理使用和资源的合理分配,并在原来的知识上进行再处理乃至创新,这些创新的知识又作为企业的知识基础进入企业中,进而实现再创新,形成一个知识积累、创新、再积累、再创新的循环流程。

③ 知识合作密切

京东方的知识管理模型应用了系统化的管理理念,在模型的节点中,它们可以为企业输送新的知识,并且跟原来企业中的知识进行有机结合,继而产生新知识,新的知识又会作用到企业的生产经营中。企业经过这个过程,对企业的收益有巨大的帮助,由此产生的知识创新的附加价值是无可限量的,它对知识的创新和发掘有着重要的作用,使企业的资产不但是实物资产,还包括无形的知识资产。除此以外,节点之间的关系借由知识创新和增值会变得越来越紧密无间,收益彼此都会得到,同样损失也是如此,这样一来就会使它们相互鼓励,相互制约,客观全面地评估自己的决策意见。企业借助这个模型,可以建立健全的管理体系。

2. 京东方基于知识价值链的 C2M2C 商业模型

(1) 知识价值链方面

在 *Competitive Advantage* 中 Poter 提出了企业价值链的一般模型,他认为众多的价值活动组成企业的价值链,这些活动可以增加企业的价值和提高企业的财务毛利。他奠定了知识价值链发展的里程碑,然后越来越多的关于知识价值链的理论逐渐涌现。

Drucker 提出了知识工作者和下一个社会理论,他认为将来的公司竞争都是由知识工作者主导,信息和知识通过企业的信息基础建设(information infrastructure)的三种渠道进入,分别是企业内部的局域网络(intranet)、企业与企业间的合作网络(extranet)和由因特网所形成的企业对外网络(internet),信息和知识通过这些渠道集中到企业信息入口(enterprise information portal,EIP),然后加上 EIP 中各种内隐知识(tacit knowledge)与外显知识(explicit knowledge),最终收敛到一个地方并输送到企业的各种知识活动中。

Nonaka 提出了知识螺旋(spiral of knowledge)理论,从理论得知,企业中的知识活动可以通过社会化(socialization)、外部化(externalization)、结合化(combination)以及内部化(internalization)这些方法使得知识进行转换和增值。

Kaplan 和 Norton 提出了平衡计分卡(balanced Scorecard)理论,认为企业绩效不应该单单用财务指标衡量,而应该用财务(financial)、客户(customer)、企业内部流程(internal business process)、学习与成长(learning and growth)四方面综合考量。Gardner 提出了多元智慧理论(multiple intelligences),认为衡量人不能只考虑智力测验(IQ test),强调一个人应该具有八个多元智慧。

在前人的研究基础下,Yong-Long Chen 提出了知识价值链的整合模型,其包括三个部分,分别是知识输入端(input knowledge)、知识活动端(knowledge activities)和价值输出端(output values)。这个模型显示了知识的增值过程,其中知识输入端是结合了知识经济的发展趋势和 Drucker 的知识工作者和下一个社会这两个理论推得的,如图 3-10 所示。知识活动端是结合了 Poter 的企业价值链和 Nonaka 的知识螺旋这两个理论推得的,如图 3-11 所示。价值输出端是结合 Kaplan 和 Norton 的平衡计分卡和 Gardner 的多元智慧理论这两个理论推得的,如图 3-12 所示。结合图 3-10 至图 3-12 所示的三个模型架构和组成部分,可以得到图 3-13 所示的知识价值链(knowledge value chain,KVC)模型。

(2) 模型构建

知识价值链包括三部分:知识输入端、知识活动端和价值输出端。价值链的三部分相互连接,两两循环,而京东方 C2M2C 商业模型包括"创客→创客工坊→客户"和"创客→SIF(智能制造)工厂→客户"两个闭环,模型构造如图 3-14 所示。

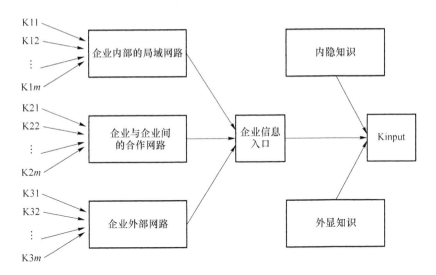

图 3-10　知识价值链模型的知识输入端

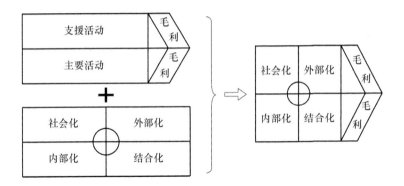

图 3-11　知识价值链模型的知识活动端

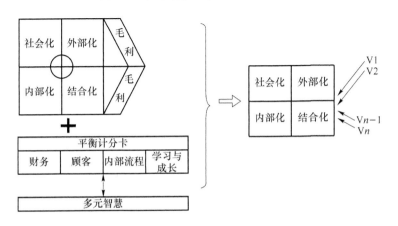

图 3-12　知识价值链模型的价值输出端

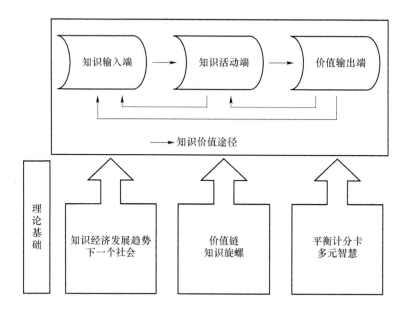

图 3-13 知识价值链模型的组成与理论基础

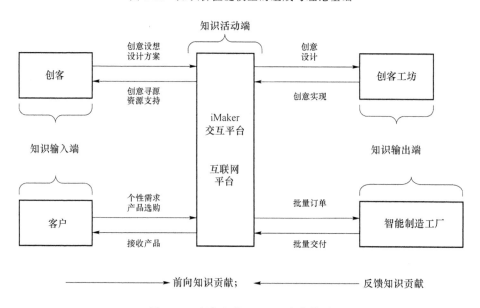

图 3-14 京东方的 C2M2C 商业模型

(3) 模型解析

C2M2C 的第一个"C"是 Creator, 也就是创客的意思, "M"是 Manufacturer, 也就是制造商、厂商的意思, 两者在图 3-14 中分别是创客工坊和智能制造工厂, 第二个"C"是 Customer, 也就是客户的意思。创客和客户是知识价值链的知识输入端, 创客可以是商品客户, 客户可以发挥自己的创新想法, 成为创客。iMaker 平台是知识的活动端,连接着厂家和创客、厂家和客户、创客和创客、创客和客户,承载着创新的设计、创客间的交流和思想碰撞、厂家的信息及创客和客户的交流信息、客户的要求和需求。而创客工坊和智能制造工厂则是价值的输出端,这里是创新设计能否实现的物质基础,是创客们的技术和材料支持,创客工坊可以让创客极大限度地发挥自己的创意,使自己的设计最大化地实现,而智能制造工厂对创客的设计模板在一定程度上实现量产,用户可以在这基础上实现一部分的个人需求定制。

创客将产生的创意设想或设计方案输入 iMaker 交互平台,再由平台把创意和设计输出到创客工坊,然后创客工坊判断创意能否实现,若创意可实现,创客工坊反馈创客的知识贡献给平台,然后平台寻找创意的来源,给予来源的创客资源支持,以实现创新设计。当创客工坊完成了创新设计后,一般客户可以从 iMaker 平台上获得创客个人打造的创新商品,这样就完成 C2M2C 的第一闭环,即"创客→创客工坊→客户"。

当创客的创新设计可以大规模量产以后,这就是 C2M2C 的第二个闭环"创客→SIF 工厂→客户"。这个闭环中的产品已经可以批量化生产,客户可以在"半成品"的基础上根据自己的个性需求打造属于自己的"完成品"。将客户需求和对产品的选购输入 iMaker 平台,平台发布批量订单给智能制造工厂,工厂完成订单后批量交付给平台,客户在平台上接收产品。

(4) 模型作用

① 客户参与设计

C2M2C 把客户集成到整个产品的供应链中,发挥了客户价值,客户自身的知识管理优势充分发挥,这在一定程度上降低了企业的创新成本。好产品不是企业为客户设计的,而是企业和客户共同设计的。客户在互联网上通过讨论交流,对产品提出个人的特点要求,参与企业的知识创新活动,让"我的产品我设计"成为现实。模型非常自然地连接了企业、创客和客户,知识价值链中的成员彼此关联,这有利于企业的知识创新和快速产品创新。模型中的人员知识优势互补,很容易建立起相对稳定的合作关系,并可以消除知识合作不稳定带来的风险。

② 促进协作知识创新

基于知识价值链的 C2M2C 模型的最大特点就是可以促进知识创新,知识在 iMaker 平台中相互交融,知识在创客和客户之间、创客和创客之间、创客和工厂之间、客户和客户之间、客户和工厂之间流动,在这个过程中,知识互补、变换、结合、增值,产生新的知识。目前创客和客户产生的新知识主要体现在对自身知识的完善和学习水平的提升上,所以,在一定程度上,他们在知识创新中的作用大于直接经济价值。知识创新的成果收益会刺激各方的积极性,增强知识合作的稳定度,这样使企业的知识创新会稳步进行,从而实现"双方共赢"和"多方共赢"。

③ 企业开放式创新

C2M2C 不但强调内部创新,更重要的是强调外部创新。企业可以利用创新资源在内部和外部互相补充,实现从创意到研发商业化的创新过程。开放式创新是传统企业向新型服务型企业转型的一个非常好的创新方式。网络中的知识资本的生成、转移、获取和利用,在专业化分工的生产和服务模式以及相应的治理框架下采取一定的价值传导机制,使得企业整体价值提升。价值网里面每一个利益相关者都是节点之一,并具有自我调节和动态匹配的能力,他们之间不仅可以传递知识,还可以创造和传递价值,吸收外部创新,以促进内部创新,确保每个节点的模块创新满足模块化技术机制下得整体创新。

（5）商业模型应用实例——实践一年后的iMaker

上文已经对iMaker进行了初步的分析,解释了其基本概念、运作的大致流程、京东方实施iMaker的原因、付诸实践遇到的问题以及问题解决的方案。下面结合实践一年后的iMaker来进行实例研究探讨。

在2016年,京东方iMaker以"制造服务智慧化的平台"为战略定位,"拥抱开源创新,引领智造未来"为理念,发布了C2M2C模型。

2017年,iMaker主要聚焦在"单件定制"这一环,推出了创客工坊和单件定制服务。京东方iMaker在这一年中的进步是显著的。

从京东方运营经验的角度来看,当前客户需求呈现新的特点,越来越多的客户正在追求个性化。所谓产品定制化就是客户要求企业生产个性化产品,是商品市场中细分市场的极限化。传统的产品销售方式是制造商完成商品的生产后再放到市面上去供消费者购买,而定制化的产品和服务是厂商根据客户需求生产个性化、定制化和异质化的产品,厂商只生产客户需要的产品和服务。定制化具体体现在如下方面。

① 需求的个性化:产品与众不同,从外观到功能。

② 产品的专业化:产品高品质、生产高品控、专注于细分应用。

③ 交付的简单化:客户只需将要求提供给厂商,厂商就会有适合的解决方案,平台处理交易和跟踪物流,客户只需等待商品上门交付即可。

通常有三个个性化和自定义的过程,从最初的模板定制到逐步定制到风格定制甚至需求定制。在模板定制中,产品在生产线中已经有一个基本形态,即一个半成品。风格定制中,厂家会提供给客户一个商品的可定制基础,客户提供给厂家需要在可定制基础上添加的素材,然后厂家做出样品,客户满意后就投产。在需求定制中,客户只要把自己的需求告诉厂家,厂家就会根据用户的需求来提供解决方案,重新设计并打造只属于客户自己的产品。

2016年IPC大会上,京东方提出"创客是制造业的长尾"这一观点。面对广泛的定制需求,要有大量的创新工作者来提供创意设计才行。从去年开始,"寻找京东方创客"的行动一直在持续。

经过一年的运作后,在平台上注册的创作者人数已超过1 000人,这些是京东方C2M2C平台上的宝贵资源。下面介绍一位"BOE首席创客"。

王居华热爱制作硬件产品,出于这个原因,他自己的家庭甚至配备了 3D 打印机、台式钻机和其他简单的加工设备,甚至有意准备一台小型精密机床和简单的车床。他善于研究,并会对要完成的产品进行深入研究。但是,设备的准确性还是严重影响了最终产品的质量。直到他遇到了创客工坊,他不仅制作了他一直梦寐以求的个人定制化产品,而且还认识到了许多志趣相投的合作伙伴。在王居华身上,京东方感受到了中国制造商的热情和专业精神。

京东方的车间已经出现了许多优秀的作品,如 BOE 画屏、机械手、3D 扫描仪、无人机。虽然这些产品并不都能够实现商业化,但它们无疑是专业的,并且是集设计、体系结构、电路、系统以及其他软件和硬件于一体的产品。在智能时代,产品的软件层面可以在后期进行定制,产品的硬件层面在定制期比较重要。创客在为了用户创造设计的同时,也会给京东方提供一定的技术支持。

2016 年京东方推出了 BOE 创客家在线平台。进入平台的创作者对京东方来说是重要的资源。与此同时,京东方还启动了 AR/VR 等 7 个垂直社区,讨论知识的应用。

为了满足客户的定制需求,京东平台为客户提供支持,以解决其设计需要。过程,所以京东方理所应当还有一个让产品落地的实体。作为客户服务交付中心,创建者工作室的创建是为了让制造商使用和使用专业设备。当然,目前的研讨会不仅能够提供专业的设备,而且能够建立一个项目孵化平台。例如,项目研讨会、客座培训、产品设计、单件定制和供应链服务等都是综合研讨会。

截至目前,在 iMaker 的生态系统中,京东方已经拥有了 5 个垂直应用,即 AR/VR 穿戴、零售物联网、汽车联网与智能家居、人类大数据、办公设备。在未来的时间内,京东方将重点关注一体机、双面收音机和智能扬声器等领域。

iMaker 的一个闭环是大规模定制,京东方在最初建立 SIF 工厂时,他们曾经更多地关注自动化并在 2016 年内建成了"业内首条 TV 自动化产线"。后来,京东方意识到,为了提高生产线的自动化程度和减少劳动力的投入,京东方需要在软件层面加强信息,所以京东方在合肥成立了"全球最具竞争力的产线"。合肥工厂不仅生产电视机和显示器,而且在未来将会生产商业显示器。在智能生产方面,京东方依靠 PLM、ERP、MES 等信息管理软件在生产过程中实时收集、传输、共享和整合产品生产过程中的数据和设备状态数据,最终实现智能生产。但是,这并不是京东方的最终目标,京东方的设想是建立更多的智能工厂,实现智能工厂集群化、规模化。

京东方的合肥智能生产线从用户的在线下单,到完成智能化设计并给出解决方案,再由机械智能实现电子模型并执行生产,直到物流配送到客户手中,整个过程都是在智能的软件系统控制下进行的。京东方投入大量人力和资源建设车间和建厂的原因归根到底是为了达到成为智能服务领域全球领先企业的最终目标。在这互联互通的时代、倡导供给侧改革的环境下,京东方利用 iMaker 在创新和转型方面迈出了一大步。这个过程很艰辛,但前景很光明。

在过去的 2016 年和 2017 年里,iMaker 正在实践中摸索,在实践中前行,不断证明着 C2M2C 模型的可行性。

3. 启示

京东方近年来不断发展,逐渐成长为行业中处于优势地位的企业,它本身在逐渐升级,从以前的传统制造企业成长为知识积累丰富的信息密集型企业,而且近年来通过资本和技术知识等的积累,向服务导向型的企业发展。三流企业做产品,二流企业做服务,一流企业做理念,京东方有着完善的知识管理系统,借此使内外知识得以流通,让他们倡导的 C2M2C 的理念得以实现,而 C2M2C 的理念也借由 iMaker 在实践中证明。

通过对京东方内网知识管理模型的构建和解析,以及从知识管理和知识创新的角度对模型作用进行了诠释。对于广大客户来说,通过企业的知识管理模型他们能够参与产品反馈的阶段,同时能够把自己的知识融入企业中,这对于最终产品的设计和生产是有很大裨益的,客户不但有参与感,而且能得到满意度高的产品。对于企业来说,在知识积累方面可以通过多渠道获得知识,获得知识的附加价值。在知识创新方面,新知识的不断涌入、循环、创新和再创新,使得企业创新性增强,适应市场和引领市场的能力随之提高。在经济性方面,知识本身就是不断增值的过程,创新的知识带给企业的收益是不可估量的。对于行业来说,京东方知识管理模型的构建为传统企业向信息化迈进提供了参考,京东方的发展就是有力的证明,现在越来越多企业开始看重企业知识管理。

对于客户来说,拥有自己专属的产品成为可能,商品购买过程中客户参与度有着前所未有的提高,客户跟创客的身份可以在一定条件下互换,创客可以实现自己的理想,也可以从模型中得到支持。对于企业来说,它实现了开放式创新,从创新的来源上说,并不是所有聪明人都要为企业服务,外部研发有着巨大的价值,企业需要内外部的人通力合作。在创新的商业化应用上,企业不是一定要自己研发才能获利,建立一个更好的商业模式比把产品争先推出市场重要得多,企业利用好内部和外部的创意,就会有所成就。对于行业来说,C2M2C 模型确实有参考意义,但是要实现该模型需要企业有实力,存在一定的门槛,但随着产业发展,门槛会越来越低是毫无疑问的。

本章参考文献

[1] 野中郁次郎,竹内弘高. 创造知识的企业——日美企业持续创新的动力[M]. 李萌,高飞,译. 北京:知识产权出版社,2006.

- [2] 姜进章. 知识创新:新媒体时代的视角[M]. 上海:上海交通大学出版社,2011.
- [3] 何传启,张凤. 知识创新-竞争新焦点[M]. 北京:经济管理出版社,2001.
- [4] 邓泽民,郭化林. 知识经济与创新[M]. 北京:煤炭工业出版,2002.
- [5] 吴杨. 团队知识创新过程及其管理研究[D]. 哈尔滨:哈尔滨工业大学,2009.
- [6] 和金生,熊德勇,刘洪伟. 基于知识发酵的知识创新[J]. 科学学与科学技术管理,2005(2):54-57.
- [7] 刘卫东. 知识创新思维学[M]. 北京:中国书籍出版社,2013.
- [8] 助柏. 知识创新思维方法论[M]. 北京:机械工业出版社,1999.
- [9] 德鲁克. 知识管理[M]. 北京:中国人民大学出版社,2000.
- [10] 晏双生. 创造与知识创新的涵义及其关系论[J]. 科学学研究,2010(8):1148-1152.
- [11] 野中郁次郎,竹内弘高. 知识创造的螺旋[M]. 李萌,高飞,译. 北京:知识产权出版社,2006.
- [12] 陈晔武. 国外知识创新模型研究综述[J]. 情报杂志,2007(12):74-77.
- [13] 张东,王惠临. 知识创新空间理论述[J]. 图书情报工作,2010(24):75-79.
- [14] 巴顿. 知识与创新[M]. 北京:新华出版社,2000.
- [15] Nonka I, Takeuchi H. The knowledge-creating company[M]. New York: Oxford University Press,1995.
- [16] 德鲁克. 知识管理[M]. 杨开峰,译. 北京:中国人民大学出版社,1999.
- [17] West J and Gallagher S. Challenges of open innovation:the paradox of firm investment in open-source software. R&D Management, 2006:36(3):319-331.
- [18] Chesbrough H. Open business models:how to thrive in the new innovation landscape[M]. Boston:Harvard BusinessSchool Press. 2006.
- [19] Lichtenthaler U. Open innovation:past research,current debates and future directions[J]. Academy of ManagementPerspectives,2011(2):75-93.
- [20] 高良谋,马文甲. 开放式创新:内涵、框架与中国情境[J]. 管理世界. 2014(6):157-169.
- [21] 陈菊红,汪应洛,孙林岩. 灵捷虚拟企业科学管理[M]. 西安:西安交通大学出版社,2002.
- [22] Hall R, Andriani P. Management focus analysing intangible resources andmanaging knowledge in a supply chain context[J]. European Management Journal, 1998,16(6):685-697.
- [23] Holsapple C W, Singh M. The knowledge chainmodel:activities for competitiveness[J]. ExpertSystemswith Applications,2001(20):77-98.

[24] 张曙. 分散网络化制造[M]. 北京:机械工业出版社,1999.
[25] 蔡翔,严宗光,易海强. 论知识供应链[J]. 研究与发展管理. 2000(6):35-38.
[26] 刘冀生,吴金希. 论基于知识的企业核心竞争力与企业知识链管理[J]. 清华大学学报(哲学版). 2002(1):68-72.
[27] 李翠娟,宣国良. 知识供应链:企业合作知识创新的新方式[J]. 科研管理. 2006(3):42-49.
[28] Poter M E. 竞争优势[M]. 陈小悦,等,译. 北京:华夏出版社. 1985.
[29] Drucker. P F. Managing in the next society[M]. New York:Truman Talley Books,2002.
[30] Nonaka I. The knowledge-creating Company[J]. Harvard Business Review. 1995(69):96-104.
[31] Kaplan R S, Norton D P. The balanced scorecard:translating strategy into action[M]. Boston:Harvard Business School Press,1996.
[32] Gardner H, Reflections on multiple intelligences:myths and messages[J]. Phi Delta Kappan,1995,77(3):200-203,206-209.
[33] Yeong-Long C, Tzer-Chyun Y, Zsay-Shing L. A study on the modeling of knowledge-value chain[J]. Society of Petroleum Engineers Inc,2004(7):56-73.

第4章 网络环境下的知识付费研究：以"知乎Live"为例

4.1 知识付费

国家信息中心发布的《中国共享经济发展年度报告(2017)》将2016年定为"知识付费元年"。知识付费自2015年逐步走进大众视野，"知乎""喜马拉雅FM""逻辑思维"与"果壳""豆瓣"等平台引领知识付费的发展，它们依托长期积累的资源优势逐步转变成国内知名的知识付费平台。2017年底，国内知识付费产业规模约为49.1亿元，同比增长近3倍，预计到2020年，知识付费产业规模将达到235亿元。知识付费收入显著增长，显示我国知识付费市场的风口将持续，因多方利好数据支持，资本方市场普遍看好知识付费行业。过去五年知识付费的发展充满了变化与挑战，系统梳理与阐述知识付费背景、发展历程等方面显得尤为必要，这是发现知识付费发展中遇到的共性问题，并提出期望的基础。

4.1.1 知识付费的背景

1. 互联网技术的发展

在Web 1.0时代，用户主要是通过浏览器获取信息，网络是单向性的信息提供者，门户网站拥有信息垄断权。而到了Web 2.0时代，用户既是内容的接收者，也是内容的生产者。互联网技术的发展使得信息制作、分享的门槛大大降低，每个人都可以是信息的生产者和传播者，互联网上涌现海量的内容，人类的信息存量以几何倍数增加，各类信息鱼龙混杂，人们需要花费大量的时间搜索和阅读。这是一个信息过载而有效知识匮乏的时代，于是，为了给人们筛选出有价值的内容，知识付费应运而生。

2. 消费观念与消费行为的转变

《2016中国大众富裕阶层财富管理白皮书》显示，当前，中国的中产阶级数量在全球范围内是最多的，达1.09亿名，超越了美国9 200万名的中产阶级数量。在有足够消费能力的情况下,衣、食、住、行,这些基本物质需求所需费用在收入中占比将会越来越低,取而代之的是对精神消费的强烈需求。中产阶级开始愿意为个性化、多元化、创新性的内容付费。在传统知识付费中,付费内容主要集中在以考证考级、英语口语、中小学教育为主的应试教育,或以 IT、金融、会计等职业技能为主的职业教育上,这些解决的是升学和就业的问题。而在新的知识付费市场中,中产阶级愿意为生产者所提供的价值观买单,经验、观点、创意等主观导向的内容商品有了更高的价值。中产阶级利用碎片化的时间听听相声、看看诗歌,以满足个人兴趣的需求。在新常态经济下,消费观念与消费行为的转变成为产生知识红利的主要原因。

3. 在线知识付费的普及

随着移动互联网的发展,"支付宝""微信支付"等第三方支付工具越来越普及,消费者习惯采用线上支付,线上支付逐渐成为消费者进行交易活动的主要支付方式。中国互联网络信息中心发布的第 40 次《中国互联网络发展状况统计报告》显示,截至 2017 年 6 月,移动支付用户规模达 5.02 亿,线下场景使用特点突出,4.63 亿网民在线下消费时使用手机进行支付。近年来,我国移动支付用户规模的高速增长和移动支付技术的日趋成熟,为人们付费观念的形成奠定了技术基础,为各类 APP 在移动终端实现打赏、付费等功能提供便利,吸引了大量优质内容提供者进驻各大知识付费平台。

4. 中国知识付费市场动态

为优质互联网内容付费习惯逐渐养成,内容付费市场潜力巨大。多年来,免费、丰富的互联网内容为用户提供了便捷获取信息的途径,同时也提升了用户进行内容筛选的复杂程度。而伴随着视频网站会员制度、数字音乐专辑等的推出,市场教育程度显著提高,网民逐步养成为优质互联网内容付费的习惯。2016 年年底,除休闲类游戏外,在线视频、音乐、游戏等的付费率均已高于 4%。其中,以付费业务发展较为成熟的在线视频行业为例,其 2016 年全年付费率约为 11.4%,2017 年,在线视频用户付费规模已达到 217.9 亿元,未来两年仍将保持 60% 以上的增速持续扩张。

整体而言,内容付费渗透率还将继续提升,内容付费市场潜力空间巨大。

① 视频付费成常态。2015 年 6 月,视频网站"爱奇艺"带头进入视频付费领域,探索月度、季度和年度收费模式,年底会员量突破千万。2016 年,"腾讯视频""搜狐视频""优酷视频"快速跟进,统计数据显示,截至 2016 年年底,国内视频有效付费用户规模已突破 7 500 万。

② 知识付费成新风尚。移动互联网的快速发展让垂直化服务和个性化需求成为可能,知识付费在知识共享、网络内容、社群电子商务以及移动音频、移动直播等风口产业交织的环境下应运而生。在此背景下,"喜马拉雅FM""得到APP""知乎""分答"纷纷涉足知识付费领域,在短时间内聚拢了大量用户,并且实现了知识的变现。

③ 音乐付费习惯渐成。2016 年中国手机音乐客户端用户规模达到 4.72 亿人,近 6 成用户愿意在网络音乐服务上消费,用户月平均消费金额主要在 10 至 30 元之间,

比以往稍有提高。

④ 专业资料占据付费主场。36.3%用户更倾向于在获取专业资料时付费,21.7%用户在音乐、影视、文学领域内存在付费阅读的意愿。在教育文章、时事新闻领域愿意付费阅读的用户占比分别为 15.6% 与 13.5%。

⑤ 资源积累是用户的主要期望。54.7%网民经由付费来追剧、观影,积累生活经验、拓展人脉的占比依次为 50.9% 和 46.1%。优化自身体验流程、获取消息资源成为用户选择内容付费的主要原因,内容专业性、对用户黏性的准确捕捉是内容付费长久有效运营的前提。付费订阅模式开启后,对内容资源独特性与专业性会有更加高的要求。

4.1.2 知识付费的定义、形成与现状

1. 知识付费的定义

知识付费亘古就有,在《论语》中就有"自行束脩以上,吾未尝无诲焉"的记载,既往多是以面对面传授、学习为主要形式。如今,互联网成为人们获取知识普遍而又重要的途径,为在线知识付费的出现搭建了牢固的基础设施。然而,学者们依据不同视角给出诸多在线知识付费的定义,有一些定义较为抽象,而有一些过于具体,对在线知识付费的认识仍未达成一致,见表 4-1。

表 4-1 在线知识付费的定义

序号	定 义
1	消费者通过互联网技术付费,获取垂直领域的个性化信息、资源和经验等,达到认知提升、情感满足、阶级归属等目的的消费行为
2 3	知识提供者将自身的经验、学识、认知等相融合,在结构化与系统化为标准的前提下,生产出用户为满足自身修养等需求的知识产品,形成了一种创新产业形态
4	依托网络平台技术,用户为达到认知提升、情感满足、阶级属性等目的的垂直领域的个性化信息、经验与资源付费的消费行为
5	个人通过线上交易手段有偿分享自己的知识或经验,本质上是通过互联网来达到信息的更优配置
6	特指知识订阅、微讲座、知识社群、知识问答、知识咨询、电子书、知识打赏等产品类型
7	虚拟社区知识分享并非无偿而是通过交易实现知识交换的行为称作在线知识付费
8	由付费问答/Live、付费订阅/专栏、付费社群等模式组成
9	在认同知识是由信念、确证与真理三要素组成的前提下,提出把知识付费的知识产品视作"正确的意见",隶属于内容范畴

基于前人对在线知识付费的定义,我们从知识产品分类与特征两方面提出,在线知识付费特指知识咨询/问答、专栏/精品课程、微讲座与听书四种形式,并且这些知识

产品具备专业性与有用性特征,用户为获取知识产品具有较强的自主性与能动性。在线知识付费平台是指基于互联网、移动通信技术,通过手机或计算机等硬件设备访问承载知识产品的网站或客户端,为获取知识产品的用户与生产知识的提供者搭建起的交易平台。

2. 知识付费形成的基础

近两年,知识付费的形成主要得益于以下几个方面。

① 移动支付工具在线上线下的不断渗透使得移动支付渠道日渐成熟,应用体验不断优化,为知识分享型应用的发展创造了必要的技术条件。

② 互联网所产生的海量资讯增加了用户获取有效信息的难度,为了对信息进行有效筛选,知识型产品备受关注。

③ 在"微信""微博"等网络平台聚集的大量知识分享者中潜藏着"认知盈余"的变现需求。可见,知识付费的形成主要是由外部社会经济环境的变化与刺激造成的。

④ 相对于免费模式,付费模式更有利于知识的准确获取和传达,知识付费的商业模式更适应知识服务的需求,如果说知识付费模式的第一个关键词是知识,那么第二个关键词无疑就是付费,付费模式为互联网找到了更直接和更有利于知识获取的商业逻辑。

⑤ 听觉的复兴是此轮知识付费浪潮的显著特征和主要形式。知识付费是一种商业模式,而就其知识内容的载体而言,则包括音频、视频、文字以及社群线下活动。但须着重指出的是,这轮知识付费浪潮的主流是音频形式的知识付费,最为成功的两大平台是"喜马拉雅FM"和"罗辑思维"的"得到",这两个平台均主要以音频形式,这意味着听觉的复兴。

3. 知识付费的现状

当前,知识共享型应用的付费趋势明显。2016年,我国有知识付费意愿的用户暴涨了3倍,知识付费用户达到近5 000万人,2016年被称为中国"知识付费发展元年"。当下的知识付费主要是利用用户的碎片化时间,以音频、文字为主要形式,为用户提供包括一对一的语音问答、知识转述、听新闻等内容的付费服务。当前的知识付费主要依靠名人、"大V""网红"等制造头部IP,把经验与观点转化为知识类产品或服务并实现其商业价值。

将中国的互联网知识付费业态置于全球场景中观察,可以发现我国知识付费模式的兴起伴随着整个中国互联网产业的崛起。在线知识付费模式背后的关键性、支撑性要素包括了"数字技术""移动支付"与"共享经济",而这三者正是中国互联网在世界范围内具有领先优势的领域。我国各类互联网知识付费平台的快速发展反映了中国互联网技术应用从全球"跟跑者"向"领跑者"角色的转变,而且该模式本身是具有中国特色的互联网创新,并为大众知识服务贡献了独特模式。例如,当前在线知识付费平台中的重要服务方式——音频类知识服务(如"听书"产品等)——较之于西方出版领域传统的"有声书"(Audio Book)就是一种明显的创新,它同时提升了音频和知识服务的效能。除了在线知识付费模式的供给侧,我国在线知识付费平台之所以能够取得快速发展,也在于我国社会知识需求端无与伦比的优势。

① 在需求数量上,我国拥有全世界数量最多的互联网用户,根据2018年1月CNNIC最新发布的数据,我国互联网用户已达到7.72亿,占全球网民总数的1/5,这为网络在线知识付费平台提供了庞大的潜在用户群体。

② 在需求质量上,近年来我国社会居民消费升级浪潮逐步拓展到知识消费领域。有关研究报告显示,仅在"知识付费"爆发的2016年,有知识付费意愿的用户就暴涨了3倍,知识付费用户达到近5 000万人,截至2017年年初,用户知识付费可估算的总体经济规模为100亿至150亿。

面对如此巨大的市场规模,在技术带动和资本助推下,各类新兴在线知识付费平台相继上线,原有的一些知识共享网站平台也先后推出付费产品或付费模块,从完全免费走向免费与付费并行。随之而来的是互联网大量付费知识内容的产生与积累,以及用户知识获取、利用、消费、生产行为的改变。

4.1.3 知识付费的发展历程

1. 知识付费发展的三阶段

① 探索期——2013年至2015年。2013年以前,知识分享平台以搜索为入口,互联网上的知识以免费模式为主,以"豆瓣""百度知道""百度百科""知乎"等模式的免费知识分享平台/社区为代表,只有少部分平台推广社区虚拟币"付费"的模式。到了2013年,自媒体"罗辑思维"先后分两批招募了3万余名付费会员,实现近千万元收入,这种知识变现的尝试可以看作知识付费的雏形。2014年到2015年,"微博"与"微信"先后开通"打赏"功能,付费微信群出现,公众对内容的付费态度开始转变。互联网上知识以免费模式为主,以"豆瓣""百度知道""百度百科""知乎"等模式的免费知识分享平台/社区为代表,只有少部分平台推广社区"虚拟币"付费的模式。

② 爆发期——2015年年底至2017年。这一时期,知识付费的产品模式和内容品类逐渐多样。2015年4月,"果壳网"推出了一对一付费咨询产品"在行";同年12月,"罗辑思维"宣布推出"得到"。2016年是"知识付费元年"。2016年4月,"知乎"推出付费问答产品"值乎",2016年5月上线"知乎Live",主打实时讲座;同样在2016年5月,"在行"团队推出"分答",引发"微信朋友圈"分享热潮,在42天内获得超过100万的付费用户。2016年6月,"得到"首款专栏"李翔商业内参"上线,仅十天便获得超过4万的粉丝订阅。"喜马拉雅FM"紧随其后推出的首款付费口才内容产品"好好说话"一天时间内售出超过2.5万套,销售额突破500万元,而在12月举办的"123知识狂欢节"活动的销售总额超过5 000万元。2017年,在微信上搭建的"千聊""荔枝FM"以及第三方工具"小鹅通"异军突起,相继获得千万美元投资,推动知识付费市场进一

步发展。在这一时期,"知乎""分答""得到"和"喜马拉雅FM"四个平台突出重围,占据行业领先地位。

③ 调整期——2018年至今。经过四大平台的建立与发展、各大自媒体的相继入局、知识生产者和消费者的急剧扩张、智能推荐及社交渠道的引入,以及线上与线下场景的结合,知识付费在2017年年底逐渐向一个更成熟、更多元的商业生态进化。"喜马拉雅FM""知乎""得到"等平台纷纷向综合电商发展,尝试提供更多元的内容形式,四大平台优势渐显。面对头部下沉、中长尾内容供应乏力以及内容形式快速更迭等问题,"社交+知识付费"模式成为行业新热点,知识付费领域逐渐呈现出"去中心化"的特征。

2. 知识付费平台的演化历程

2017年2月,国家信息中心分享经济研究中心成立,它撰写、发布了《中国分享经济发展报告2017》,报告正式将"知识付费"作为共享经济的一种形式,鼓励从发展理论与实践开展研究。由此看来,熟悉知识付费的发展历程是很有必要的。

2010年以前,知识分享社区和平台出现,此时是以互联网内容免费为主。2010—2014年付费模式出现,通过"打赏"培养用户对于优质内容的付费意识。2016年5月,"分答""罗辑思维""知乎Live"几乎同一时间推出付费内容:"分答"作为一款付费语音APP上线;"罗辑思维"的"得到"APP上线,包括大咖专栏、每天听本书等付费知识产品;著名问答社区"知乎"推出一答多分享产品"知乎Live","知乎"答主自行开设Live主题,完成后在关注者页面会自动生成提示,关注者付费后,即可进入Live群中交流和学习。2016年6月与12月,"喜马拉雅FM"以及"新浪微博"推出"微博问答"。2017年3月,"豆瓣"的"豆瓣时间"栏目上线,以文化艺术领域作为其主打产品,开始进入知识付费平台。图4-1是中国知识付费平台的演化历程。

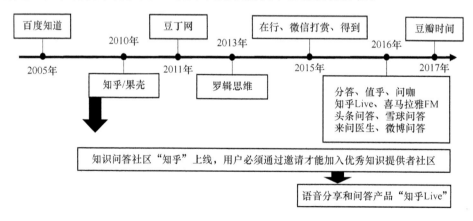

图4-1 中国知识付费平台的演化历程

4.1.4 知识付费平台举例

1."知乎"

"知乎"于2011年1月正式上线运营,作为知识分享平台,主要为用户提供问答、专栏、电子书等多种形式的信息服务,搭建其分享彼此的知识、经验和见解的桥梁。"知乎"以问答社区为核心基础,2016年逐步拓展了多种形态的知识付费业务。

① 探索传统广告以外的商业路径,释放高质量社区内容的变现能力,拓宽收入来源。

② 搭建内容生态,通过多元知识变现模式吸引更多站外内容生产者的入驻,激励站内内容生产者持续生产优质付费内容,形成健康的内容生态,其中以爆款内容为引导,重点发力腰部内容建设。

③ 增加社区用户黏性,通过更多优质内容提高用户活跃度。

2."喜马拉雅FM"

"喜马拉雅FM"目前已拥有3 000位知识"网红"和超过31万条的付费内容,这些内容涵盖商业、人文、外语、音乐、亲子、情感、有声书等16个类目。目前"喜马拉雅FM"付费知识产品包括系列课程、书籍解读等,平台大多采取邀约制邀请优质内容生产者入驻,并全面参与其付费知识产品的生产,包括用户定位、内容规划、课程体系设计、定价及推广等多个环节,为其提供经验指导和数据洞察服务。此外,"喜马拉雅FM"还将直播、社群、问答等与课程体系相结合,并通过退款策略实现优胜劣汰的产品竞争机制,共同打造完整用户连接路径,完善知识服务的体系化运营。继2016年首次启动以来,2017年第二届"喜马拉雅FM"的"123知识狂欢节"再创佳绩,节日期间累计销售总额达到1.96亿元,并逐步发展成为知识付费领域的"双11"节,引领知识付费发展的风口。在第二届"123知识狂欢节"期间,"得到""有道精品课"等平台也纷纷推出知识内容的打折促销活动,京东也推出了"1234知识盛宴"。与此同时,知识付费的产业生态逐步完善。以"喜马拉雅"为例,"喜马拉雅FM"是中国最大的音频共享生态化平台,上游聚集了大量的音频内容生产者,包括媒体、出版社、教育培训机构、名人、明星、老师以及行业专家,中游主要是"喜马拉雅FM",下游主要是接入开放平台的4 000多家第三方服务商。截至2018年10月,"喜马拉雅FM"的激活用户为4.7亿,在2016年年底,其公开数据中激活用户超过3亿,每日新增用户达到40万。

3."得到"

2012年,罗振宇成立以"终身学习"为基因的"罗辑思维",最初它是别人家平台的自媒体。2016年5月,由"罗辑思维"团队推出"得到"APP上线,运营之初由微信公众号推行、更新新的内容,其提倡利用碎片时间学习,为用户节省时间,提炼精品内容,包含"每天听本书""李翔知识内参""罗辑思维"等精品课,内容包括人文、科学、艺术、商业、方法技能、互联网、创业、心理学、文化、职场等极具魅力的知识版块,以其特有的听书功能,以及极具特色的知识付费模式,在这一领域拔得头筹,引发了大家的一致好评。"得到"就是知识付费产品的典型代表,上市以来,不到一年时间,其总用户数为529万,每日活跃用户为42万,订阅总数为130万。"得到"平台上的知识付费类节目高度强调主讲人的个性化传播,删去了传统媒体上各种冗长无用的内容。

4. "豆瓣时间"

"豆瓣"作为国内成立较早的社区网站,2017年3月7日涉足知识付费领域,推出了知识付费专栏——"豆瓣时间",其在知识付费行业接近饱和的时间点上推出,取得了可观的成果。"豆瓣时间"在产品形式上以音频为主,以视频与图文为辅,主讲人均为学界或业界的优秀人士,每个节目都有一个主题,即为一个专栏。专栏由数期课程构成,每期音频时长为15分钟左右,订阅需一次性支付整套节目的费用,价格从6元到168元不等,不可单期订阅。在产品内容上,一部分由"豆瓣"出品,另一部分由第三方文化机构合作供应,涉及文学、艺术、心理学、电影、历史、哲学等多个领域。自第一个专栏"醒来——北岛和朋友们的诗歌课"推出以来,"豆瓣"独有的社群文化和小众化选题使"豆瓣时间"脱颖而出,根据官方公布的数据,"豆瓣时间"推出仅5日,销售额就已过百万,用户量在一周时间内过万。

5. "在行一点"与"在行"

2016年5月15日,经过两天内测的"分答"正式上线。付费语音问答、分众传播的崭新产品形态使"分答"成为2016年上半年互联网最热产品之一。"分答"从付费语音问答起家,经历了多次迭代,2017年年初,"小讲""社区"上线。"小讲"提供的是针对学习工作中与某一主题相关疑问的解答或者是某一行业入门的快速解决方案;"社区"提供的是针对某一主题系统性更强、层次更深的解决方案。由此可见,"分答"开始围绕知识共享的核心拓展为更加专业的内容形态。"在行一点"是"果壳网"将"分答"更名后的知识付费模式。2018年2月6日,"分答"更名为"在行一点",重新进入用户视野,"在行一点"对栏目进行大幅度调整,内容产品分为课、班、讲、问,更注重知识的系统性、服务性,力图更多地占领用户的碎片化时间来进行"终身学习服务"。2016年,最引人注目的付费语音问答是"分答",它是国内领先的付费语音问答平台,通过"分答"可快速地找到可以给自己提供帮助的那个人,这个人可用一分钟时间为你答疑解惑。该产品在2016年5月上线后的42天内,注册用户达1 000万,入驻答主达33万,100万用户为知识产品买单,重复购买率达到43%。

"在行"是"果壳网"在2015年3月13日推出的产品,是以面对面提供某一具体专业问题咨询为主的知识付费平台。实际上,"在行"跟"在行一点"是姊妹知识付费平台,二者差异在于市场定位不同。通过"在行"可以约见不同领域的行家,它为拥有某一领域专业知识、有分享欲望的知识分子和对某一领域的专业问题有需求的人搭建了一个O2O平台。"在行"的运作模式类似于"淘宝":分门别类地把行家归类,并通过行家发布的文章来增加其可信度,行家对于行业里的某种现象解析得越权威越能把握用户痛点,进而引发用户的付费行为。另外,"在行"还会显示出每个行家被约见的次数与用户评价,这种线上互动评价方式与"淘宝"评价一致,做得好便可以积累口碑,做得差将会被淘汰。

6. 其他知识付费平台

(1) 以互联网创新教育为核心的"混沌大学"。"混沌大学"以创新教育为核心理念进行布局,业务架构主要包括两大板块。

① 针对广大用户群体研发的在线课程。这个板块以 APP 为载体,聚焦工作技能与思维训练等服务,主要形态包括"混沌"研习社和创新院。

② 针对优秀企业家开展的线下学习社群。这个板块帮助学员认知升级,并为其搭建志趣相近的高品质人脉生态圈,主要形态包括"混沌"创业营、创新商学院。除高质量的专业导师群体外,学员质量是"混沌大学"的一个主要关注方面。双向深耕 C 端及 B 端业务的同时,"混沌大学"严格把控学员的数量和质量,以打造优质的学习社群和圈层文化,进而构建复制成本较高的软性竞争壁垒。

(2) 从基于"微信"生态的知识分享工具向综合型知识付费社区转型的"千聊"。起步于"微信社群"生态、致力于轻知识分享的"千聊",通过为有群体性授课需求的"微信"用户及相关机构提供能够突破微信群人数限制、互动方式丰富且能够管控课堂秩序的知识分享工具,获得了讲师及用户的广泛关注。根据"千聊"官方数据,自上线付费功能以来,其独立访问用户达到 9 800 万,注册机构及个人讲师累计 80 万,平台总流水超过 4 亿元。除了嵌入微信的 H5 页面外,"千聊"也设立了独立 APP,从而在获取海量用户后,可进行进一步的运营及沉淀。基于用户侧、讲师侧双方广泛且分散的知识关注点,围绕核心用户中的完播率和重复购买率,"千聊"以"中小班授课"模式,持续进行垂直赛道深耕,逐渐向综合型知识付费社区转型。目前其用户群体以付费需求点较为丰富多元的女性为主,核心布局赛道包括形象打造、工作经验、情感生活、亲子教育等。

(3) 聚焦中产阶层生活场景,打造泛财经与媒体生态闭环的"吴晓波频道"。吴晓波频道"作为先期入局知识付费领域的典型财经自媒体,以持续扩张的中产阶层生活场景为核心,逐步向财经知识服务商转化,为用户提供商业财经领域的付费优质原创内容,同时构建互联网财经社群,帮助新中产人群形成并持续更新认知体系。"吴晓波频道"于 2014 年 5 月创立,基于"微信""爱奇艺"等平台聚集用户关注、建立知识店铺,同时,持续深化吴晓波作为泛财经界头部 IP 的影响力,深化内容的人格化属性,拓展内容付费模式,并不断探索多种内容形态和分发路径,逐渐形成围绕泛财经头部内容的专业、重度、垂直的态闭环。

4.1.5 知识付费产品

1. 知识付费产品类型

根据知识生产者和知识获取者的定向化程度不同,在线知识付费有不同的形式。知识订阅是固定的知识生产者面向定向的用户进行知识传播,如"罗辑思维"的"得到"APP中的订阅专栏、"喜马拉雅FM"的付费订阅、"豆瓣时间"的付费专栏等。微讲座比知识订阅有更强的课程体系、学习目标与学习任务,类似在线教育,但比在线教育内容更广、形式更轻,是最为普遍的在线知识付费形式,其用户范围较广,并不定向于某一类人群,如"在行一点"的"小讲"、"知乎 Live"、"千聊"的"大师课"、"荔枝微课"等。知识问答是非固定的知识生产者面向非定向的知识获取者,如"百度知道""知乎""值乎""微博问答"等。知识社群是固定的知识生产者依靠个人影响力和共同价值观在特定的"粉丝"中构建的社群组织,如"知识星球"(原"小密圈")等。知识咨询是作为知识生产者的专家以挂单的形式向用户提供有偿咨询服务,用户可以根据专家列表选择不同的专家,如"在行一点"的"问"以及"好大夫在线"、"春雨医生"的"专家问诊"等。"打赏"是知识生产者受到不定向的用户自发奖励的付费模式,如"简书"的"赞赏"、"微信公众号"的"打赏"等。电子书等付费知识资源作为数字出版的延伸,是不固定的知识内容生产者面向不定向的用户进行收费的形式,这是最常见的在线知识付费形式,如"微信读书"中付费资源、"得到"中的电子书等。此外,还有一些垂直领域的知识付费平台,如面向英语学习的"百词斩"、面向工作场景的"好多课"等。当然,目前在线知识付费平台会将上述形式融合在一起,打造不同的知识产品,形成多元化的付费矩阵。

从支付方式上,在线知识付费形式可分为三类。

一是打包模式,即一次性付费可享受多次服务,如知识订阅、微讲座、知识社区等。

二是即时模式,即一次付费可获得一次知识服务,如知识问答、知识咨询、电子书等。

三是自愿模式,如"打赏"等。

尽管从广义视角来看,传统的教育培训、数字出版等都可称之为知识付费,但本书所指的在线知识付费特指上述的知识订阅、微讲座、知识社群、知识问答、知识咨询、电子书、知识"打赏"等形式。它们都具有三个特点。

一是内容具有一定知识性,但不一定有严谨、完整的知识体系结构,表现为一种快餐式的"轻知识"。

二是通过在线支付,且支付金额不高。

三是用户在知识获取的过程中有较强的自主性、能动性。

2. 知识付费产品的来源

知识付费产品的来源如下。

① 个人和自媒体。该种形式采取会员包年的专栏订阅制,适合能够稳定、长期输出高质量内容的创作者。例如,李笑来在"得到"APP上的收入为数千万人民币。

② 专家、名人和"大V"。他们通常采取问答或者私密社群的方式进行知识传授,本质上售卖的不是知识,而是一种和"大V"交朋友的亲密关系。

③ 企业和媒体。该种形式尝试新兴的业务形态,适合教育培训类企业、垂直类媒体,如幼儿教育等。

3. 知识付费产品的常见形态

知识付费产品的常见形态如下。

图文。图文是最常见的形态,也是创作成本相对较低的形态。一般自媒体用得比较多。

音频。音频多被情感类自媒体使用。

视频。视频的创作成本较高,表现力非常强,适宜做技能教学、技能培训类知识的变现。

社群。社群的特点是双向的,用户和创作者之间可以有更密切的沟通。

直播。在国内当前的环境下,知识付费行业内的直播大多是通过音/视频录播和及时和用户互动答疑来完成的。对于创作者而言,这降低了成本(即兴直播需要准备的东西和对能力的要求都远远多于提前准备的、可以二次修改的内容),对于用户而言,这节省了流量,更符合用户碎片化的时间,提升了体验效果。

4.2 网络环境下的知识付费案例:以"知乎Live"为例

"知乎"是典型的网络社区平台,与"喜马拉雅FM""罗辑思维""果壳网"与"豆瓣"相似,它通过长期积累的用户资源不断优化产品与服务模式,在知识付费兴起初期就已着手布局,相继推出"知乎Live""值乎"等模式。"知乎Live"经由准备期、初期与成长期三个阶段,结合自身的低门槛性、轻知识性、社交性和交互性特征,成为主要的知识付费模式。"知乎Live"是"知乎"中不可多得的业务,值得作为案例深入剖析,为后进的知识付费平台提供参考与启示。

4.2.1 "知乎"背景

1. "知乎"的发展历程

2011年1月开放的"知乎"网站(www.zhihu.com),是目前国内互联网最受欢迎的知识型网络问答社区,类似于"Quora"的中国版。为解决之前"百度知道""新浪爱问"等国内知识问答社区平台过大、提问者与回答者素质参差不齐等问题,"知乎"通过关系社区的形式引入维基百科社区精神,通过用户节点将高质量的问答内容大规模地生产和分享,并且最大限度地调动用户剔除劣质问题的积极性,从而构建高质量问答社区以及更有价值的人际关系网。"知乎"创始人周源说:"一个人大脑中从未分享过的知识、经验、见解和判断力,总是另一群人非常想知道的东西。这些东西对于某个人或某群人来说是存在价值的。""知乎"在认知盈余的时代背景下,为用户的认知盈余提供了有的放矢的平台,而知识付费是对认知盈余中生产知识的整合,并使得知识成为一种可以被交易的商品。

从"知乎"发展历程来看,"知乎"发生了显著变化,见图 4-2。"知乎"从早期内容社区运营中积累了大量的用户,其中不乏知名、专业人士等资深专业用户,除此之外,高黏度用户数量巨大。"知乎"的市场规模持续平稳扩大,使得业界与学界对其的研究不断升温,2017 年 11 月 8 日,"知乎"入选时代影响力的中国商业案例 Top30。截至 2018 年 6 月,"知乎"已提供 15 000 个知识服务产品,内容生产者达到 5 000 名,"知乎"付费用户达到 600 万人次,每天有超过 100 万人次使用"知乎大学"。截至 2019 年 1 月,"知乎"已拥有超过 2.2 亿的用户,其中大部分用户为 18~35 岁,是追求自我提升的年轻人群。这与视频平台或是电商网站的用户是截然不同的。也正是因为这一点,"知乎"的"盐选会员"将会成为大部分用户获取可信赖解答的重要方式。

图 4-2 "知乎"的发展历程

2. "知乎"的特征

① 用户参与。相较于传统问答网站,"知乎"更像一个网络社区,是集求知、分享、社交为一体的内容平台,能够源源不断地生产原创内容。"知乎"社区用户的生产力和

创造力都是不可估量的,这些用户已经从早期的互联网消费主义过渡到了生产主义。"知乎"为用户营造积极参与的氛围,可以带动现有用户和潜在用户的参与积极性,让接触者足以受到感染,而真正地参与进来,这种过程最终会升华成为可贵的归属感,让用户在参与中感受到成员归属感的吸引力,自发地维护社区的整体氛围,而这就是一种持续的、源源不断的力量,无形中维持着用户与网站的关系。在"知乎"网络社区中,用户贡献主要指对知识内容生产的参与,大致可分为五个方面:提出问题;回答问题;通过赞同或反对按钮影响答案的排序;参与问题的公共编辑;在问题或答案后面发出评论等。能成功地调动用户的贡献意愿是"知乎"的核心竞争力之一。明确"知乎"用户贡献意愿的影响因素,对"知乎"改进已有功能、完善社区政策规定、推出新服务有直接帮助,有助于"知乎"找到合适的盈利模式。

② 社交属性。在"知乎"社区中,普通用户之间的互动、交流与分享共同生产出内容,同时各个领域的专业人才有了聚集的平台,他们能够相互连接,交流思想和信息。知乎社区的用户既可以关注特定话题,也可以关注特定问题的答案或其他用户的活动。当有用户关注,或关注的话题中有新的问题出现,或有新的人回答用户关注的问题时,用户都会收到提醒。"知乎"鼓励用户在问答过程中进行讨论,拓宽问题的思路,不提倡答案的唯一性。正如"知乎"联合创始人黄继新所言:"'百度知道'表面在回答,其实还是在搜索;'知乎'上的一问一答,其实是社交。"不论用户的背景如何,在"知乎"社区都能得到平等对待。"知乎"鼓励高质量用户分享知识、经验和见解,让社区人群高效地连接起来,从而形成一个理性、认真、友好的社区氛围。以用户关系为中心进行拓展和运行是社交类网站的工作重心,加强用户的网络社交关系,可以将用户置身于一个巨大的关系网之中,用户从而更容易受到群体的感染,当用户在虚拟空间之中拥有了类似于现实世界的社交关系之后,为了维持这种关系,他们就会增加进入虚拟空间的频率。加强社区成员之间的互动,对于发展和维持虚拟社交关系异常重要。

③ 专业性——"意见领袖"。在"知乎"中,主要有两类意见领袖:第一类为线下的名人、CEO、作家、学者、技术精英等,他们本身在线下生活中就是特定领域的专家,拥有相关的知识背景和能力,因此在网络社区中往往顺理成章地成为相关领域的意见领袖。在"知乎"这类准实名的社交网站中,如果用户使用真实的社会身份(包括实名、教育、职业等信息)注册,并能够积极参与社区的话题讨论,往往能够较快成为相关领域的意见领袖。这类意见领袖的典型代表有"创新工场"董事长兼 CEO 李开复、"小米科技"董事长雷军、"土豆网"创始人王微等。这类意见领袖在"知乎"初创阶段发挥了名人效应,吸引了很多高质量的用户,但"知乎"开放注册之后活跃度下降,有些已经撤出。第二类意见领袖是"知乎"中乐于分享高质量内容并拥有专业知识的"草根"用户,他们选择不公开自己的真实身份(尽管他们有可能是线下的意见领袖),会积极回答问题,喜欢用认真、负责的态度来分享知识、经验和见解,因而获得了很多的关注,拥有了很多的粉丝,一步步建立起了在社区的影响力。这批人目前是"知乎"意见领袖的主

体,也是"知乎"繁荣的中坚力量。这类意见领袖的代表有"知友"keso 等。在"知乎"中,拥有知识和专业特长是成为意见领袖的必要条件,但是具有专业知识并不必然会成为意见领袖,积极、认真、负责任地参与社区是意见领袖获得影响力的决定因素。

3. "知乎"的业务模式

"知乎"以网络社区的内容与用户资源为根基,不断挖掘自身资源与拓展新的业务模式,形成以"知乎 Live"为核心,以"值乎"、"想法"与"圆桌"等模式为辅的发展方式。

① "知乎 Live"。2016 年 5 月,"知乎"推出了实时付费问答产品"知乎 Live",该产品能够使问答双方围绕特定话题实时交流。在市场方面,通过对内容创作模块中的用户数据进行分析,能够实时、准确地把握市场动态,进而有针对性地举办关注度高、利润空间大的 Live。在社交方面,借助于主讲人广泛的社交圈与明星效应,可以吸引大量知识消费者。在多元化方面,实时共享的直播模式,课程、专题化的分类都可使得知识交流和分享变得多元化。

② "值乎"。"知乎"的付费咨询项目——"值乎"——在 2016 年 4 月上线,其口号为"说点有用的"。在技术上"值乎"主要依托于支付技术和数据筛选匹配技术。基于支付技术,用户可以安全、快速地获得收益;借助于数据筛选匹配技术,平台能够快速实现问答匹配。在内容上"值乎"主要以语音的方式来实现内容共享。在专业划分上,"值乎"包括心理学、医学、职业规划、法律等 20 多个专业。

③ "想法"。2017 年 8 月,"知乎"全新的知识分享模式——"想法"——开启内测。新推出的"想法"能够使用户即时、随意地分享灵感和观点,极大地丰富了内容创作渠道。在视频、图片、语音、文字等技术的支撑下,用户可以进行多样化的内容分享。

④ "圆桌"。"圆桌"一般由"知乎"发起,用户就一些专题展开讨论。在市场方面,用户可以围绕热点问题分享自己的看法与经验,而企业能够通过讨论对相关市场的发展及其演变趋势有一个更为清晰的把握。在社交方面,"知乎"通过"圆桌",可以将同一个领域、具有相同兴趣的人员或者机构聚集起来,扩大用户的社交圈,帮助用户分享专业知识。

⑤ "知乎书店"。2016 年 9 月 20 日,"知乎书店"正式在"知乎"APP 中上线。在组织方面,"知乎书店"积极协调"专栏""想法""付费咨询"等多个板块,不断对相关知识进行整合和再创造,并最终将知识以出版的形式发表。

4. "知乎"与其他知识付费平台的关系

目前,国内排名靠前的知识付费平台分别是"知乎""喜马拉雅 FM""得到""在行/在行一点"等。这些知识付费平台在产品定位、付费机制、产品类型、内容与服务行为上既有相似之处,又有不同点,见表 4-2。

① "知乎"的知识付费产品来源分成两部分,其一是"知乎 Live",以精品课、微讲座为主,另一部分是"付费问答",前者是当前"知乎"的主要运营方向。"喜马拉雅FM""得到""在行/在行一点"的产品定位与类型有一定重合,"在行/在行一点"的付

费问答继承了"分答"的部分产品形态。

② "知乎"上的产品全部为付费产品,在试读或试用后均要付费才能继续使用,而"喜马拉雅FM""得到""在行/在行一点"等均有免费产品可供用户使用,尤其"喜马拉雅FM"拥有众多免费课程,但很大比例并非知识付费产品范畴。

③ "知乎"的知识付费产品均由名人、专业人士制作完成,并且来自专业领域、行业的资深人士早前是"知乎"的用户,因此,"知乎"比"喜马拉雅FM""得到""在行/在行一点"在资源上具有显著的优势,为了弥补这方面的不足,"得到"启动招募"得到"大学学员计划,而"在行/在行一点"提出平台孵化名人计划。

表 4-2 排名靠前的知识付费平台对比

知识付费平台	知乎	喜马拉雅FM	得到	在行/在行一点
产品定位	平台嵌入 Live 与问答	音频分享平台	付费订阅产品	付费课程与问答
产品类型	专栏/精品课、微讲座、问答	专栏/精品课、微讲座	专栏/精品课、听书	专栏/精品课、问答
付费机制	付费订阅(会员)+付费提问(付费偷听)	付费订阅(会员)	付费订阅	付费订阅+问答60s、付费提问(付费偷听)
内容生产	名人/专业人士入驻	联合出品+主播入驻	自制+名人/专业人士入驻	平台孵化名人入驻
服务形式	付费订阅,向他人付费提问	在免费基础上,推出付费精品专区	订阅付费	付费订阅

4.2.2 "知乎 Live"概述及特征

1. "知乎 Live"概述

"知乎 Live"以"让你便捷且高效地收获与交流"为初衷,是"知乎"在知识付费领域中的主打产品,包含分类浏览、课程与专题、热门精选、我的订阅、我的 Live 五个功能板块。在"知乎 Live"中,平台和主讲人设定一个 Live 主题,由主讲人对某个主题分享知识、经验和见解,听众在指定时间内以付费购买"入场券"的形式进入感兴趣的 Live 话题专场中,通过主讲人 60 分钟封闭的在线语音话题讨论分享知识,在 Live 期间听众可以提问,主讲人对问题有选择性地回答。"知乎 Live"是中国领先的知识经济社区,是"知乎"于 2016 年 5 月 14 日推出的一个知识付费平台。在"知乎 Live"发展成熟后,"知乎"推出了更为系统的付费课程——私家课。它是"知乎"的付费知识从碎片化向系统化转变的产品,它在"知乎 Live"的基础上整合了更为优质的内容,旨在通过系统化、专业化的付费课程满足用户对于知识的需求。它的推出得益于"知乎

Live"培养的知识提供者。"知乎 Live"与私家课两者就本质而言是一致的。在内容呈现形式上,相较于"知乎"社区中的问答板块,私家课增加了音频的表达形式并以音频为主,以文字、图片为辅,形式趋于丰富,且音频相较于文字、图片能更加生动地传情达意;在知识传播效率上,知识生产者在群内定期或不定期进行交流,用户所提出的疑问可以得到及时反馈。

"知乎 Live"和"分答"属于知识共享平台中的典范与先行者。"分答"上线后一个月的交易额达 1 800 万元,平台抽水 10%;"知乎 Live"的一场线上分享会收入超过 10 万元。截至 2018 年 4 月 4 日,"知乎 Live"平台已举办 9 958 场 Live,是目前规模最大的付费语音问答平台。"知乎 Live"与"分答"作为知识共享与知识变现的探索产品,成功地将知识的获取转变成一种轻松的生活方式,并开创了独特的盈利模式。"知乎 Live"整个语音问答与共享过程涉及提问者、回答者、偷听者与应用程序四者。回答者回答自己愿意回答的问题,收益包括 90% 的问题酬劳和偷听者每人 0.5 元的偷听费;提问者既是付费方又是盈利方,他需要付出问题酬金,但也能获得偷听者每人付费的 0.5 元;应用程序从提问者的酬金当中收取 10%;偷听者需要每次给出 1 元偷听费来偷听自己感兴趣的内容。

2. "知乎 Live"的特征

"知乎 Live"具有鲜明的低门槛性、轻知识性、社交性和交互性特征。

① 低门槛性。相比于对专业知识、录制技术有较高要求的"喜马拉雅 FM""在线教育"等平台,"知乎 Live"进入门槛相对更低,经过社区身份认证并缴纳一定额度的保证金后用户即可创建自己的知识付费产品。

② 轻知识性。知识产品主要为碎片化的轻知识。与结构化、体系化,提供专业教育服务,教育主体一般为独立教师、教育机构,课程单价相对较高的在线网校和在线教育平台不同,社区直播类知识付费平台多以碎片化的轻知识传递服务为主,分享方式相对简单便捷(如通过文字、图像、音频、视频等轻量方式达到输出目的),分享主体一般为知识"大 V"和普通民众,课程价格相对较低。

③ 社交性。"知乎 Live"依托于"知乎"这一中国顶级的内容平台,拥有着更大更全的知识消费和知识创作场景。通过分析"知乎"的热搜话题、文章,用户可以更有针对性地构建自己知识付费产品的主题。此外,用户参与"知乎"社区活动会为其积累一定的关注度,建立起社区声誉,更有利于其知识付费产品被广大内容消费者知悉和购买。主讲人创建 Live 后,Live 信息会出现在其关注者的信息流主页,关注者打开 Live 信息,点击立即参与即可进入 Live 收听群。在这种情况下,明星效应和粉丝经济的影响更为显著,根据在线知识社交环境中已形成的社交关系,基于追捧知识"大 V"的知识消费现象越来越普遍。

④ 交互性。相较于已经包装好、单向传播的录播类知识付费产品,"知乎 Live"中参与者可以随时和主讲人沟通互动,主讲人可以实时根据用户的提问和反馈调整自己

的分享内容。"知乎 Live"为用户提供了不同的知识分享场景和工具,通过将知识产品市场化,付费购买他人的知识和见解,人们可以更好地认识自己,进行自我提升,相互学习。通过将知识商品化、市场化,知识提供者也可以得到回报,从而激励他们产出更优质的知识产品。由于"知乎 Live"这些独特的平台特点和产品特征,且"知乎"作为新型的知识付费平台拥有着较大的流量,因此"知乎 Live"运营状况良好,获得了可观的收益。

4.2.3 "知乎 Live"的三个阶段

1. "知乎 Live"——准备期

2010 年到 2015 年是"知乎 Live"的准备期。"知乎"一直以来是以专业领域、行业资深以及知名用户所生产的高质量内容为基础。用户加入"知乎"要通过朋友/熟人邀请,从而保证社区内的用户质量以及产出高质量内容。而高质量用户主要有两个来源:其一是默默无闻的普通用户,他们持续共享高质量内容,由于内容的积累逐步而成为知识内容的提供者,将这类用户分成领域专家、时间当事人、中产阶级;其二是资深用户和知名用户,资深用户如田吉顺、keso、大熊、波旬、成长、Fenng 等,他们都是不同领域的资深专家,可生产高质量独到见解的观点和知识,而李开复、徐小平、雷军、王兴等行业大咖或意见领袖是知名用户,他们具有强有力的感召力和号召力,生产的优质内容可迅速扩展,调动虚拟社区活跃度,是知识共享可持续的重要保障。

高质量用户是"知乎 Live"发展的重要资源保障,但数量巨大的其他用户也不容忽视,他们在一定程度上加速了"知乎 Live"的出现。"知乎 Live"是"知乎"的主要业务之一,"知乎"为用户提供了一个分享经验、经历等知识的平台,用户之间进行知识分享是"知乎"早期环境,经过几年的积累,用户规模和质量均有显著提升,高黏度用户是"知乎"平台诸多业务顺利推进的助推器。"知乎"经历了几年的准备期,虽然拥有较多用户,同时专业人士为平台输送大量优质内容,但是高质量内容长期无法实现盈利是很多虚拟社区无法发展下去的障碍,"知乎"为了寻求进一步的发展,在 2016 年 4 月推出"值乎"问答,利用拥有的专家资源回答用户提问,从而实现业务增长。这只是"知乎"向前迈进的一小步,在"值乎"上线一个月后"知乎"又推出"知乎 Live"。

2. "知乎 Live"——初期

2016 年是"知乎 Live"的初期。这一时期"知乎 Live"的知识产品质量不断优化与迭代,知识产品的数量显著增加,"知乎 Live"逐步成为"知乎"运营的主要方向。与"知乎"相似的虚拟社区平台,一直在寻找将自身优势资源沉淀并获取收益的方式与路径。技术的发展使知识付费浮出水面。

2016 年 5 月 14 日,"知乎"正式推出知识付费产品——"知乎 Live",主讲人可以发起时长一般为 1~2 小时的 Live,通过实时语音、文字、PPT、图片及直播等形式进行知识、经验、技能和资源的分享,并通过投票、点赞、问答等方式和听众进行互动。除少数免费 Live 外,用户需付费才能收听 Live。"知乎 Live"基于提问者提出的问题与回答者围绕一个主题,进行实时一对多互动分享的群组问答,可一次性快速、高效地将专业的内容分享给多位参与的用户。"知乎 Live"的知识付费新模式是虚拟社区知识共享的一次探索,是分享经济的具体实践,同时带来用户数量的增长。"知乎 Live"仅上线一个月,就吸引大量名人入驻,潜在用户以及资深用户随即也加入,并聚集了百万级的用户。其中知识精英、行业大咖以及意见领袖都是"知乎 Live"的优势资源,他们生产的优质知识的质量和数量对用户持续使用和互动有积极作用。正因此,"知乎 Live"在上线四个月时,共计有 557 场 Live 分享,达到 37% 的重复购买率,用户平均消费 52.8 元。"知乎 Live"的用户数量稳步提升,最多一场 Live 参与人数达 43 000 人,这提升了虚拟社区的活跃度。

"知乎 Live"早期能迅速发展不容忽略的三点原因。

① 从生产者的角度看,知识社区和自媒体平台经过长时间的发展,已经培育并积累大量经营知识的 IP 以及愿意为知识付费的粉丝用户。

② 从资本和平台的角度看,知识社区以及自媒体平台都已进入成熟期,需要更为成熟的商业模式加以变现,加之在线支付十分成熟,为知识付费提供了极大便捷。

③ 从用户的角度看,消费升级促进了知识付费的发展,越来越多的用户希望通过知识付费获取有用的信息。

3. "知乎 Live"——成长期

2017 年至今是"知乎 Live"的成长期。一方面,"知乎"最先推出"知识市场"(其而后改名为"知识大学"),受到知识付费市场的广泛关注,"知乎 Live"网络搜索热度整体指数为 271,这与所分享主题类型的不断增多直接相关,分享的主题类型一共有 20 多个(如职业发展、心理、艺术、科学、创业、商业、投资、旅行、法律等),这使得社区内的浏览者/"潜水者"获得不同需求的满足。"知乎"用户的规模不断增长,图 4-3(a)是"知乎 Live"上线后 2017 年 5 月至 2017 年 8 月间所采集的 5 个时间点的用户日参加人数,图 4-3(b)是参与人数量最多的三次用户参与数量,从中可以看出,"知乎 Live"的参与人数不断增加,网络社区正式用户以及浏览者/"潜伏者"知识共享参与度持续提高。截至 2017 年 12 月底,"知乎"注册用户数达 1.2 亿,每日活跃用户超过 3 000 万,成功举办 Live 7 000 余场,总参与人数近 500 万,用户重复购买率达 42%,近 3 000 人担任了讲者,Live 讲者的平均时薪超过 1 万元。

另外,2019 年 3 月,"知乎"上线新的会员体系"盐选会员",社交需求是会员经济的核心。将"严选好书、严选好课、严选好内容,让知识赋能每个人"作为其核心理念。用 CEO 周源的话来说,就是"让人们轻松获得可信赖的解答,这件事就是知乎团队的北极星。它指引着我们当下的工作:智能社区、工具场景和商业矩阵。"

① "盐选会员"体系主要涵盖三个部分,包括高价值的付费内容权益、社区功能权

益以及会员身份权益三大维度。在社区功能权益维度中,用户可以通过首页关键词屏蔽、评论区发图等专属功能提升日常使用"知乎"的浏览、讨论体验;在会员身份权益中,新增会员专属标识、会员专属客服等功能。

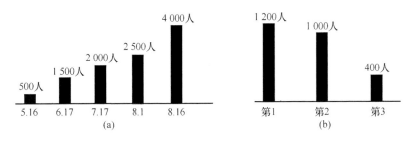

图4-3 "知乎Live"的用户参与数

② "盐选会员"体系注重用户的归属感、相互间的连接,这些社交需求都需要在社区里才能够实现。如果说一个平台就是一个社区,那么会员制就是在这个社区里加设的一道门槛,它将一部分人聚集在了范围更小的空间里。这个小空间会加强内部会员的归属感,更重要的是,它会对门槛外想要获得认同的普通用户具有极强的吸引力。

4.2.4 "知乎Live"持续发展的关键特征

1. "知乎Live"主导的素质洋葱模型

洋葱模型的本质内容与冰山模型是一样的。冰山模型形象地将胜任力描述为漂浮在水面上的冰山,知识和技能是在水面以上的部分,是容易改变的胜任力特征;自我概念、特质和动机部分是属于潜藏于水下的深层部分,是不易改变的胜任特征,它们是个人驱动力的主要部分,也是人格的中心能力。素质洋葱模型对胜任力的表述更突出其层次性。在这个模型中最表层的是知识和技巧,由表层到里层,越来越深入,最里层、最核心的是动机和特质,是个体最深层次的胜任特征,最不容易改变和发展。素质洋葱模型中的各个核心要素由内至外分别是动机、知识、技能等特征。首先,动机是推动个体为达到目标而采取行动的内驱力;然后,知识是个体在某一特定领域所拥有的事实型与经验型信息;最后,技能是个体结构化地运用知识完成某项具体工作的能力。在素质洋葱模型中,知识、技能等外层要素易于培养和评价,而动机等内层要素则难以评价。将素质洋葱模型逐层深入进行阐释的结构运用到"知乎",使得"知乎Live"的作用更明显,突出了"知乎Live"在网络社区中的价值,下面就"知乎"的素质洋葱模型进行详细说明。

"知乎Live"是"知乎"的核心知识付费业务模式,由网络社区及其知识提供者、知识获取者三部分组成。

① 知识提供者即知识生产者,他们持续生产高质量的知识内容,将隐性知识显性化,将抽象知识具体化以及将知识内容产品化,而知识提供者自身能力水平是主要影

响因素。能为有需求的知识获取者提供所需要的知识内容,这样的知识提供者是稀缺的,这对网络社区提出了更高的要求。

② 知识获取者即知识消费方,根据自身的需要和目的,为所需要的知识付费。知识获取者获得所需要的知识要投入时间成本或机会成本,有时即使花费大量的时间和精力,也难以获得所需要的知识。内容或搜寻时间成本较高而效率较低,而网络社区则为知识获取者提供了机会和技术基础。

③ 网络社区是知识提供者和知识获取者知识共享平台的技术提供方,具有监督与制定规则的职责。目前,知识共享形式不尽相同,网络社区所扮演的角色不仅仅局限于监督和制定规则,而是充当知识提供者的角色,例如,"罗辑思维"的"得到"APP与专栏作者共同生产高质量的知识内容,其核心仍是以专业知识拥有者为核心推出知识内容。

在"知乎"中,知识提供者、知识获取者是网络社区的用户,二者只是无偿进行分享与获取,而在"知乎 Live"中,知识提供者与知识获取者在供需关系下构建成有偿的知识分享活动,并且二者互动过程具有更深层的改变。因此,提出用"知乎 Live"的素质洋葱模型来解释这种变化对"知乎"发展的积极影响,见图4-4。图4-4中的"转化"定义为在激励作用下用户与用户间所发生的变化。在付费知识共享模式下,知识提供者与网络社区合作分享知识内容到社区。之后网络社区将知识内容分发,有需要的用户在获取知识的同时付费到社区,网络社会和知识提供者都获取收益。在这过程中,网络社区可将生产优质知识的用户转化成知识提供者,部分浏览者/"潜水者"有可能转化成知识提供者或成为活跃用户,也可能离开社区。网络社区付费知识共享模型有如下几点作用。

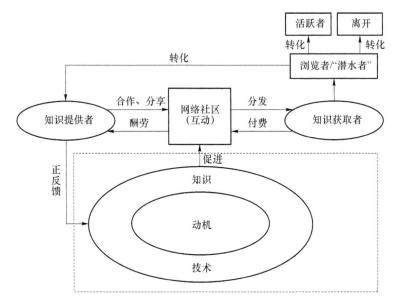

图 4-4 "知乎 Live"主导的素质洋葱模型

① 明确了素质洋葱模型中的知识、动机、技术与付费知识关键特征的关系。

② 引入知识付费变量的素质洋葱模型对网络社区中的成员主动分享知识与搜寻知识有积极的促进作用,有利于社区内有用知识的积累并且可以降低搜寻知识的成本。

③ 有利于知识提供者与知识获取者长期合作,而非只注重一次的提供或获取知识的行为。

2. "知乎Live"持续发展的三个关键特征

"知乎Live"自身具备独特关键特征,即专业性知识、易用性提高效率、有用性自我提升。受到素质洋葱模型的启发,我们构建了"知乎Live"关键特征的素质洋葱模型,见图4-5。

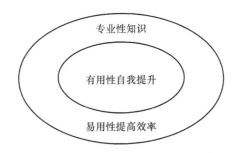

图4-5 "知乎Live"关键特征的素质洋葱模型

① 专业性知识。基于素质洋葱模型,外层专业性知识具有稀缺性。而"知乎"是以领域专家、资深撰稿人以及知名人士为最初的用户,并且是以邀请的方式加入用户,这使"知乎"内的专业性知识得到保证。规模效应与网络效应不断聚集专业人士以及生产优质内容,普通用户在此获得真知灼见,进行交流与互动。当"知乎"用户数量变大,为了社区的可持续发展,如何激励知识提供者不断推出专业优质内容以及积极持续参与知识共享过程,是现实亟待解决的问题。因此,推出以"知乎Live"知识付费产品尤为重要。付费方式使虚拟社区用户获得优质内容机会增加,参与互动的用户增多。

② 易用性提高效率。素质洋葱模型提出,专业性知识与技术的易用性协同提升用户的服务效率。"知乎Live"首页界面分类清晰,分类游览、课程与专题设置、热门精选、我的订阅以及我的Live等以列表的形式展示。"知乎Live"答主和多个用户的互动区具有个性化功能,包括评论、互动、主要内容点播、付费预约与答主的一对一交流以及分享添加用户感受的功能。"知乎Live"操作方便,用户可以方便、快速获得专业性知识内容,进而满足自身的成长需要。

③ 有用性自我提升。素质洋葱模型越向内层越难以获得与评价。有用性自我提

升是用户参与互动的动机。有用性是指"知乎 Live"在互动过程中给予用户的真知灼见或独到见解,会使用户参与互动积极性显著增加,更愿意分享,继续活跃参与社区。"知乎 Live"具备专业性知识与易用性提高效率的优势,拥有丰富优质的 Live 主题(如经济学、管理学、艺术、体育、法律等),能满足各种类型用户的需要。因此,提供用户自我提升途径,促使用户为知识付费,让虚拟社区与知识提供者盈利。

4.3 知识付费的问题与展望

1. 知识付费的问题

① 知识的版权侵权问题比较突出。在互联网出现以后,其初期的知识信息共享性及获取开放性等特征,使用户普遍认为通过互联网传播的知识或信息应该是免费的,加之在我国早期互联网发展过程中对知识产权(版权)保护甚少,更养成了用户通过互联网获得知识信息不付费(免费)的习惯。各类知识传播新载体大量涌现,对于知识的版权界定相对模糊,保护力度还比较薄弱。如何做到最大限度地防止原创知识被抄袭传播,成为知识付费的主要瓶颈之一。网络版权保护是众包服务发展的薄弱环节,如何对未中标的智力作品进行版权保护,如何防止自己的创意被他人窃取,成为众多创意众包亟待解决的问题。在创意设计众包中,发包方不同程度地存在双重身份欺诈、盗用非获胜方案和拒付赏金等不诚信行为;接包方存在涉嫌抄袭、一稿多投、重复投标等问题。在知识付费领域,知识产权侵权隐患非常明显。

② 付费与知识的传播路径、传播规律相悖。现有的知识付费主要依靠知识分享平台上名人效应的带动,他们的参与对线上社区和移动应用中的知识分享有至关重要的作用。刘佩、林如鹏指出,网络问答社区的整体呈现一个典型的"小世界"网络关系,其节点呈幂律分布。因此,要密切重视核心成员的知识分享行为,并防止核心成员利用其影响力优势把网络社区这种双向的交流工具变为单向传播的自媒体,以免限制社群的成长与作为社会互动的功能性。目前以问答形式为主的知识付费正呈现一种依赖名人、"大 V"的单向知识传播。一方面,这与网络化传播的时时互动、无限增长、动态化发展的优势相违背;另一方面,随着这些名人、"大 V"用户吸附能力的提升,他们很容易在各个平台之间随意流动并产生大量同质化的知识,这对平台的稳定性造成不利影响。

③ "二手知识"阻碍深度思考。人们越来越追捧有价值、深入系统的"干货",但又总是希望以浅显易懂的方式获得知识,于是就出现了"二手知识"贩卖商。例如,"得到"APP 中的"每天听本书"栏目,有专门的讲解人带着用户解读一本书,一本十几万

字的原著被浓缩为二十几分钟的音频,大大减轻了学习的负担。但庞杂深奥的"干货"以浅显易懂的方式呈现,必然会大量减损原有的内容,经过改编、缩减的内容只是讲授者的个人理解,听众得到的不过是"二手知识",缺少对内容系统化、逻辑化的思考过程。用户若是习惯于得到经过简化的"二手知识",不再自主地分析作者的行文思路、思维方式、方法论,则不但不利于知识的获得,而且会使深度思考的能力下降。

④ 从业者内容的持续更新陷入困境。在靠免费内容吸引流量的时代,互联网不乏真正优质的内容,用户愿意付费阅读,原因就是其内容的实用稀缺性、无可替代性等。要写出达到付费水准的优质文章,保持持续、高效的内容输出,需要耗费知识生产者大量的精力。从业者如果没有突出的内容生产能力和良好的产品运营能力,很难将产品长期维持下去。

⑤ 缺乏规范化的体系制度管理。传统的知识教育往往有一个权威标准化的教案和考试,分数是直观有效的评估标准。不同于教育培训有考试作为衡量标准,知识付费产品的效果无法以统一、具体的标准进行衡量,其效果更为长期,也更为隐形,而缺乏具体的评估标准,则会使用户的使用满意度降低,进而影响重复购买率。

⑥ 知识付费存在严重的"柠檬市场"问题。与传统的在线知识交易相比,知识付费存在这样的问题原因如下:一是由于知识产品本身的信息不对称属性,它的不可破坏性诱使知识产品卖方故意言过其实;二是由于知识提供者身份的不易识别性所导致的信息不对称性,知识供给者追求的差异化战略降低了知识消费者的选择性,并加剧了其信息劣势;三是由于知识产品的先验性所导致的质量不易检验性,知识消费者在掌握了付费购买的知识产品后,就不再愿意购买了,知识的质量便无法检验,这就是知识产品生产中无法克服的"信息悖论"。

2. 知识付费的展望

互联网时代是一个"分享时代",一切互联网产业的发展必须遵循互联网规律。知识付费的发展有着广阔的市场前景,其发展要遵循互联网规律和互联网思维。

① 社交性与分享性的精准匹配将成为发展趋势。互联网的发展已经进入了社交媒体时代,分享、互动成为这个时代的鲜明特色。作为分享时代的行业之一,知识付费在发展过程中,除了提供优质的内容并完善其商业模式之外,更要注重"分享"精神。把分享与互动体验作为知识付费的一个重要内容,这是符合互联网特征的。当前,知识付费的用户群体以"80后"和"90后"为主,他们是互联网用户的集中群体,是在互联网环境下长大的,习惯于互联网的分享精神。因此,知识付费的发展不仅要重视分享,也要结合用户特征对市场进行细分,通过大数据技术精准把握用户的知识需求与爱好。可以说,从知识付费的未来发展趋势来看,对社交性和分享性的强调,以及在此基础上将内容与用户进行精准匹配,会成为未来知识付费的重要发展趋势。

②系统化与深度化将成趋势。当前知识付费平台上的内容有碎片化、表面化等特性,特别是在发展初期,为了迎合用户碎片化的需求,不仅用户生产的内容碎片化,平台自身生产的内容也呈现出碎片化状态,有时甚至有意对完整的知识进行切割,以满足消费者的碎片化需求。但知识付费平台与其他新媒体平台有着很大的不同,知识付费平台内容是收费的,而其他平台内容是免费的,用户依据意愿付费,这就要求知识付费平台在内容质量上有所提高,否则就会失去其价值。从长远来看,碎片化的内容虽然契合了用户习惯,但不利于用户系统的学习。因此,在短暂的市场开辟与用户争夺之后,知识付费还需要回归到知识本身,在系统化与深度化上下足功夫。例如,知识付费可以与在线教育相结合,形成系统化的在线学习方案。又例如,在表现形式上,单一的音频、视频、图文难以满足需求,应朝着多媒介融合的趋势发展。不仅如此,对知识内容的深度追求,会随着知识的普及而成为用户的追求和付费平台的发展趋势。

③评价体系与信用体系亟待建立。知识付费平台的核心竞争力是知识的特点与质量,而最宝贵的财富是用户资源。无论其行业如何发展,这两个始终是基础元素。因此,知识付费行业只有抓住这两个基础,才能实现行业的长期稳定发展。这就必须在评价体系和信用体系上下功夫,使其更加科学、客观和公正,这不仅需要对平台运营的规范和政策法规进行完善,也需要将第三方评价、用户评价纳入质量的评价体系中,并完善对失信人员的惩处措施,构建良好的知识付费平台空间。

④开放资源,激发知识创新。开放资源使任何人都能参与知识分享,能够使分散的知识与信息易于聚合并得到有效利用。正如开放资源理论家 Eric Raymond 所言:"众目睽睽,缺陷无匿。"维基百科的成功即是资源开放的典型。此外,微博、知识分享型社区与应用作为信息聚合与分发的工具而有效运作,使信息能够在广泛的公共领域中得到有效的交流与互动,创造出新知识与新思想。结合上文对知识生产与创新的论述不难发现,与知识付费这一手段相比,开放资源能够为知识生产主体的创新活动提供良好的外部环境,促进知识拥有者与知识重建者之间的双向或多向交流。通过开放资源加快知识的分享与融合,促进隐性知识与显性知识的转化,从而创造出更多的"知识基点"与"知识节点",使知识主体各自的隐性知识得以创新,进而提升知识生产的效率。与此同时,开放资源的做法更符合互联网经济的运行规律,势必能为相关企业和机构带来更多市场机遇与广阔的发展前景。

⑤建立动态化的共享知识数据库。在网络时代,尤其是在移动互联网快速发展的当下,去中心化的信息传播结构虽实现了人人发声,但造成了信息冗余。为用户提供个性化的解决方案将成为知识分享领域发展的关键。因此,一方面要了解用户,建立用户数据库,及时准确地洞悉用户需求与喜好;另一方面,要建立各个细分领域的达人数据库,将这些知识达人的专业范围、个人特长等信息进行标签化处理并建立数据

库。通过数据匹配向用户提供精准的个性化知识服务。内容平台运营过程的同质化现象背后反映出平台的信息资源缺乏统一整合,导致资源利用率低且用户支付成本高。这些问题的解决指向了动态化共享知识数据库的建立,只有对动态的知识分享进行系统化、智能化的分类,才能有效地将新的知识需求与已有的知识储备相匹配,同时也能够充分释放知识分享者的"认知盈余"。利用"注意力经济"和"声誉经济"打造可持续的知识分享模式。未来,知识分享平台所拥有的知识数据库将决定其运营能力与发展前景。

⑥ 内容向纵深化发展。目前,一些知识付费平台已经有产品大卖的案例,如"喜马拉雅FM"的"蔡康永的201堂情商课"销售额超过1 200万元,"得到"APP的"薛兆丰的北大经济学课"总订阅数已突破近20万人等,各大平台都有自己的明星产品。一座金字塔不可能只有塔尖,也需要有"底层力量"来填充,除了财经科技类,奢侈品、红酒、戏曲等小众需求也逐渐受到欢迎。原第一财经的驻法国记者胡艺瀚的奢侈品普及课程付费播放量约50万次,王佩瑜在"喜马拉雅FM"上线的付费课程"京剧其实很好玩"的付费播放量超过40万次。未来,知识付费平台将对内容进行精耕细作,向更多更丰富的细分领域扩展,内容将涵盖商业、音乐、亲子、情感、文学、生活等方面。

本章参考文献

[1] 刘瑾鸿,吴启萌.知识付费:知识的消费升级与红利[J].出版广角,2018(4):31-33.
[2] 艾瑞咨询.中国在线知识付费市场研究报告[R/OL].[2019-6-18]. http://report.iresearch.cn/wx/report.aspx? id=3191.
[3] 黄斌,汤文辉.论知识付费模式的兴起及意义[J].出版广角,2019(1):29-32.
[4] 王铮,刘彦芝.在线知识付费平台的市场机制探究——兼论对知识平台市场机制缺陷的应对与干预[J].图书情报知识,2018(4):24-31.
[5] 张帅,王文韬,李晶.用户在线知识付费行为影响因素研究[J].图书情报工作,2017,61(10):94-100.
[6] 沈嘉熠.知识付费发展现状与未来展望[J].中国编辑,2018(11):35-39.
[7] 陈茜.喜马拉雅的盈利渴望,知识付费风口已过[J].商学院,2018(12):53-55.
[8] 赵彬妮.浅谈共享经济背景下知识付费模式——以"得到"为例[J].现代商业,2019(5):28-29.
[9] 刘单燕.知识付费模式改进策略及前景展望——以"得到"App为例[J].新媒体

研究,2018,4(24):75-76.

[10] 滕乐.浅谈知识付费类内容产品的生产运营——以得到APP《中国史纲50讲》为例[J].出版参考,2019(2):67-72.

[11] 周琪."豆瓣时间"营销策略与问题分析[J].东南传播,2019(2):136-138.

[12] 孙建红.从知识付费到知识服务:看知识付费如何转身[J].出版广角,2018(11):39-41.

[13] 周帆.狂飙42天,朋友圈现象级产品分答是怎样做出的?[EB/OL].[2017-09-10][2019-6-18].http://36kr.com/p/5049218.html.

[14] 赵冬梅.互联网语境下知识付费平台的盈利模式探索[J].现代视听,2019(2):36-39.

[15] 杜智涛,徐敬宏.从需求到体验:用户在线知识付费行为的影响因素[J].新闻与传播研究,2018,25(10):18-39+126.

[16] 刘佩,林如鹏.网络问答社区"知乎"的知识分享与传播行为研究[J].图书情报知识,2015(6):109-119.

[17] 周楠.UGC网站互动模式对用户黏性的影响——以知乎为例[J].青年记者,2017(5):71-72.

[18] 杨笑雨,范继忠.知乎网用户贡献影响因素实证分析[J].北京印刷学院学报,2015,23(5):30-37.

[19] 王秀丽.网络社区意见领袖影响机制研究——以社会化问答社区"知乎"为例[J].国际新闻界,2014,36(9):47-57.

[20] 陈海鹰,朱爱敏.从内容角度分析知识付费平台的发展现状——以知乎Live、分答为例[J].今传媒,2019,27(1):63-65.

[21] 蔡舜,石海荣,傅馨,等.知识付费产品销量影响因素研究:以知乎Live为例[J].管理工程学报,2019,33(3):71-83.

[22] 卢艳强,李钢.知识付费是虚拟社区知识共享困境的一剂良药?——以知乎为例[J].知识管理论坛,2018,3(3):140-149.

[23] 李钢,卢艳强.虚拟社区知识共享的"囚徒困境"博弈分析——基于完全信息静态与重复博弈[J].图书馆,2019(2):92-96.

[24] Boyatzis R E. The competent manager: a model for effective performance [M]. New York: Wiley, 1982.

[25] 武小菲.互联网时代专业出版社的知识付费模式构建与传播[J].出版发行研究,2017(12):5-8.

[26] 国家信息中心信息化研究部.2018年中国分享经济发展报告[R].北京:中国

互联网协会分享经济工作委员会,2018.
[27] 郭慧.知识生产与创新视野下对知识付费现象的反思[J].出版发行研究,2017(12):9-12.
[28] 张省,常江波.知识付费"柠檬市场"治理机制研究[J].商业研究,2018(11):97-107.

第 5 章 百科类用户生成内容模式的影响因素研究：以百度百科和维基百科为例

5.1 用户生成内容研究

1. 用户生成内容的发展研究

(1) 用户生成内容的发展

时代封面将"你"评选为 2006 年度最佳人物，向许多匿名网络用户致敬，他们用自己的创造力去做 Benkler 所说的"以公地为基础的同行生产"。这是一种新的生产模式，在缺乏传统组织广泛控制结构的项目中，大量人员通过基于互联网的技术聚集在一起。这种生产模式通常没有任何经济补偿。这种现象的一个重要表现是用户生成内容(UGC)平台(如博客、讨论板、维基等)快速增长。社会计算研究人员对这些平台的兴趣越来越大，这些平台有助于个人对集体知识的贡献。"消费"和"定制"等传统术语正在通过"共同创造"和"产品使用"之类的新术语得到增强。"共同创造"是指创造性地利用消费者来协作创造产品，而"产品使用"是指每次使用产品时，消费者都会利用它创造自己的创新消费体验。许多用户生成内容网站的增长导致了人们对产生内容的活动有更大的商业兴趣，这增加了用户的商业价值。然而，虽然人们比以往更频繁的、更多的方式进行交互和协作，但尚不清楚内容质量如何在这些环境中得以体现。实际上，人们甚至可能怀疑，在不断变化的贡献者网络中，这种开放式协作和分散式用户驱动内容生成系统是否能够以最小的控制保证产出高质量的输出。然而，还有 SourceForge、维基百科和 Linux，它们来源于协作创建和管理标签以注释和分类内容。因此，我们需要研究以下问题：用户生成内容的质量与自愿贡献者之间的交互模式、生成的内容之间是否存在关系？

根据艾瑞咨询公司的"中国式 UGC 白皮书"的相关研究结果，我们可以了解到，在中国，自用户生成内容诞生以来，它的载体和激励经过好几个不同的阶段。

① 个人网站的兴起。互联网的发展和用户生成内容的兴起离不开个人网站所打下的基础。

② BBS 论坛的产生。用户在论坛上发言不需要任何门槛,只要注册账号就能进行发帖和回帖,而且论坛的创建也十分容易,所以论坛数量和种类急剧增长,满足了不同网民的需求。在论坛上,大量的用户原创内容产生和流通,用户生成内容初现雏形。

③ 博客的出现。"博主"可以在自己的博客上分享自己的观点、作品(这些有强烈的个人色彩)。博客的进入门槛不高,但是想要产出高质量的"博文"则需要"博主"具有较强的能力和素养。

④ 视频 UGC 的出现。伴随着科技的发展,影音相关的设备不断更新,视频 UGC 应运而生。相比于文字、图片、音频,视频能够更直观地给用户带来更多的信息。而视频 UGC 需要用户具有一定的能力(如拍摄技术等)以及硬件(如摄影设备等)。随着智能手机的发展,视频 UGC 的门槛随之降低。

⑤ 社交网络的出现。在社交网络上,用户生产的门槛极低,而且并不会对用户有很多的要求,所以社交网络用户生成的内容质量参差不齐。但是社交网络的低门槛决定了它能满足更多人的需求,它所呈现的内容多样化和数量是之前的几个阶段所不能提供的。

⑥ 移动互联网的出现。随着智能手机的发展和普及,UGC 的门槛已经几乎没有了,UGC 内容的产生越来越方便,越来越多的用户选择在互联网上进行内容产出,形式越来越多。

根据这几个阶段的发展可以看出,UGC 的发展离不开互联网产业高速发展所带来的好处。互联网进入中国不过几十年的时间,其发展速度可以认为是爆炸式的。首先,从技术角度来说,互联网产业的快速发展吸引了大批人才学习,且相关的硬件得到了不断的升级,这为互联网产品的快速更新换代打下了坚实的人才基础和设备基础。其次,从经济角度来说,互联网产业的高速发展势必引起大量的资金流入,同时国家会对互联网产业进行关注,制定一些有利于互联网产业发展的政策。通过技术的不断发展和经济偏好的不断倾斜,国内的互联网产品逐渐发展成熟,能够有效载动 UGC 产品的稳定发展。随着智能设备的发展普及,公众对互联网的接受程度、依赖度和使用频率越来越高,互联网上的用户数量增多意味着用户生成内容的数量也会随之增加。如果 UGC 的运营和管理制度能够有效运作,那么 UGC 的数量和质量将会得到较好的保证。

如今随着 UGC 的不断发展,平台的需求逐渐发生转变,UGC 只能吸引大量的用户,但是想要留着这些用户则需要足够优质的内容。在这样的背景条件下,专业生产内容(PGC)和品牌生产内容(OGC)应运而生。

与 UGC 相比,PGC 不管在内容上还是创作主体上都更加专业,因为 PGC 的创作主体是拥有专业知识、在相关领域拥有内容解释权的用户或在某个领域有威望的用户。如果说 UGC 是一般用户,那么 PGC 就是专业用户,这是二者参与者之间的主要区别。引入 PGC 不代表 UGC 没有优质内容,只是 UGC 的质量参差不齐,而 PGC 是从作为根源的传播者身上就杜绝了低劣的内容,从而减少了筛选优质内容所需要的成本和精力。因此留住用户,需要的是PGC,而不是UGC。UGC反映的是内容生成平台有效用户的基数数量,而PGC反映的是这个平台的内容质量、内容核心价值。

OGC主要有两类用户:一类用户是新媒体从业者、新闻背景工作者、传媒行业人员;另一类人用户是某些行业的精英、专业人士。这两类用户并没有明确清晰的界限,有的媒体工作者可能也会熟悉某一领域,但不一定能达到精通的水准,而与之相对应,有些行业精英可能也对媒体有所了解,但是专业程度可能比不上专职的传媒工作者。OGC的创作主体与PGC的区别在于是否有目的性、盈利性。PGC的创作主体更多的是因为个人兴趣或为了满足个人表达需求才进行创造,而OGC的创作主体主要是为了得到物质上的回报才进行创造。

UGC、OGC、PGC三者是能够互相转化的。PGC就是在互联网产业发展的过程中从UGC中细化的一个分支。所以只要进行专业化的学习和训练,UGC的内容就有可能转化为PGC。同样,如果生产内容具有一定的商业性,有报酬,那生产内容就有可能转化为OGC。

(2) 用户生成内容的使用动机

就目前来看,关于用户生成内容的影响因素这方面的研究不算很多,而关于用户生成内容的动机已经有了较多的研究。国内外大多数的研究都是以社交网络平台作为对象,这些研究的成果可以作为参考,具体成果见表5-1。

表5-1 使用动机文献综述

研究人员	研究方法	研究对象	研究结论
Trammell、Larkowski、Hofmokl	内容分析法	358个博客	用户的写作动机主要有自我表达、积累信息、提升专业水平、社会交往、娱乐性
Nardi		23个博客	"博主"创作原因:记录生活、表达看法和情感。影响"博主"创作的因素:自我表达、个人经历的分析和社会关系的维系、博客平台的易用性
Wasko Faraj		知识分享在线社区	讨论了在线社区的知识贡献行为的激励因素,描述了个体动机、结构资本、认知资本和关系资本的关系
Ma Agarwal		在线社区	在线社区的用户行为受到感知共存、自我表达、深刻描述和持久标签的影响

续表

研究人员	研究方法	研究对象	研究结论
金兼斌	文本分析法		① 使用博客可以提升用户的工作质量和效率。 ② 使用博客可以使自己感到满足,从而体现自我价值。 ③ 出于爱好或者分享的目的
赵翔宇、朱庆华	文本分析法		激励因素包括技术方面、社会方面和个人方面
赫若琦	访谈法、问卷调查法	Facebook	美国大学生使用Facebook的动机:为了人际交往、消磨时间、获得参与感和归属感、分享信息、获取信息、从众心理、逃避现实。 此外,年龄越小,想要获得人际关系的期望越高,从而在Facebook上获得的好友会更多

对之前的研究结果进行总结我们可以发现,对于 UGC 的使用动机已经有了较多的研究,而 UGC 使用动机的研究对象主要为博客等社会化媒体,调研方法主要是问卷调查法、访谈法、文本分析法、内容分析法等。将现有相关研究文献进行整理,可以发现用户生成内容的使用动机背后有各种理论,从利他主义理论到社会主义理论,再到物质主义理论,而这些使用动机主要分为显性激励和隐形激励。

① 隐性激励的影响

隐性激励是指不基于任何有形的东西,而是让作为社区的积极成员的相关用户可以感觉良好的一种激励措施。社会激励是隐性激励的最常见形式,社交激励主要通过用户之间建立关系来实现,如社交网络的粉丝或者好友关系等,关注的行为表达了粉丝对用户的一种信任和认可,即便粉丝不与关注的用户产生互动,也能对被关注的用户产生激励效果。Paulo 在研究中发现,当用户的人气增加时,他们产出内容的频率会提高。社交激励还包括将用户与其他用户联系起来的能力,例如,在 YouTube 等网站上,用户可以与他人分享媒体;此外,用户还可以分享使用特定产品或者服务时的体验,这可以改善用户的体验,以便他们可以在购买产品时做出更理智的决定,使他们可以拥有更好的购物体验。其他常见的隐性激励包括一些网站上的徽章或级别制度。当用户达到某种程度的参与度时可以获得一些收益,并且可能会带来额外的特权,"雅虎答案"就是这种社会激励的典型案例。值得一提的是,隐性激励需要有一个相当大的社区才能更好地发挥作用。

② 显性激励的影响

显性激励是指有形的奖励,如直接的物质奖励、奖券、优惠券等形式。直接明确的激励措施很容易被大多数人理解,并且无论社区规模的大小如何,都可以产生直接的有益的价值,例如,购物平台 Wishab 和亚马逊平台,虽然在激励方式上有略微的不同,但它们都使用了这种类型的显性激励来鼓励用户参与。显性激励在初期会具有较好的激励作用,它能够有效提升非活跃用户的社区参与度和用户生产内容的频率。但显性激励的缺点是它们可能导致用户受到物质的影响而抑制了其他影响,最终认为参与的唯一原因仅仅是物质的奖励,这减少了其他形式的社交或利他动机的影响,使得用户生产内容平台想要保留长期贡献者所需要的成本会越来越高;此外,物质性的奖励对用户生成内容的可信度带来负面影响,部分用户会在浏览用户生产的内容时考虑到其中的商业化因素,并对内容抱有一定的怀疑态度,而当显性奖励减弱或者取消时,有很大一部分用户出于努力效益最大化的思维,在产出内容时变得消极,最终导致用户生成内容的数量和质量大幅度下降。

③ 联合激励的影响

根据之前的研究结果我们可以发现,单纯的显性激励对用户生成内容的模式的影响并不完全是正面的,所以越来越多的研究人员认为应该将显性激励和隐形激励结合起来才能起到更好的效果。Burtch 通过研究发现,当把金钱奖励和社会激励联合起来时,用户贡献评论的频率更高,且用户生成内容质量也有所提升,这是因为用户认为自己不是为了金钱在进行内容生产,而是为了得到社会的认可。此外,Seiler 等经过研究发现,在维基百科中,词条质量与编辑次数成正相关关系,所以可以推断出内容产出是一个积累的过程。根据这一发现,社区可以在初期利用部分显性激励方式来鼓励用户产出内容,而在后期则可以主要使用隐形激励来鼓励用户继续参与,这是一种阶梯式的联合激励,将起到很好的效果。

以上的激励方法和使用动机都是本章要研究的 UGC 模式影响因素的基础,可以说 UGC 的运营和管理过程都需要对这些动机加以利用,进而对用户生成内容的结果产生影响。本章希望能从现有的百科类用户生产内容平台出发,通过研究维基百科和百度百科的功能设计和两者的差异,结合以上这些基础的动机研究,来确定用户生产内容模式中各种影响因素带来的效果,从而对 UGC 的研究做出一些建设性和创新性的研究。

5.2 百度百科和维基百科的比较研究

5.2.1 百度百科和维基百科的比较

1. 运营机制比较

维基百科是由维基媒体基金会负责托管与资助的,该委员会是非营利性的,同时维基媒体基金会还管理维基百科的姐妹项目(包括维基词典与维基教科书等)。维基媒体基金会的经营主要是依赖公众或者企业的捐赠和补助金。随着维基百科的规模不断壮大,维基百科受到的支持不断增加,志愿者数量和受到捐赠的数额逐年上升,这一现象和美国社会独特的慈善文化有着密切关系。

对于维基百科而言,维基百科的理念和模式体现在整个社区的价值观上,它的目标是为全人类创造更多的价值。然而,百度作为一家商业公司,百度百科只是它旗下的一个商业产品,因此百度百科的用户生成内容的理念和模式需要辅佐百度公司的搜索引擎的发展战略。如今,百度的用户生成内容社区主要由百度百科、百度知道、百度贴吧三大部分组成。近些年来,百度正在逐步尝试将商业化与用户生成内容模式更好地结合起来,通过建设更完善的商业平台来取代原来的单一竞价排名模式。在这种尝试下,百度的用户生成内容模式的社区化建设不断完善和进步。百度用户内容生产的平台和搜索紧密相连,百度的用户内容生成平台的发展离不开百度搜索的巨大流量和技术优势,而如今用户内容生成平台带来的大量用户流量也为百度的盈利方式带来了新的突破口。作为百度用户生产内容中的关键平台,百度百科一方面代表了百度知识生产社区的高质量内容;另一方面积累了用户流量和用户个性化数据,使得百度百科拥有了可盈利的专属资源,为百度的用户生成内容模式的商业化发展开辟了新的道路。

2. 管理方式比较

维基百科与百度百科的管理方式存在显著差异,相对应地,它们的社区规则的制订方面也存在较大差距。

维基百科完全由志愿者来管理,所以维基百科可以看作是一个完全的自组织。在维基百科中,管理员是第一种职务,他是拥有"系统操作权限"的内容生产用户,他的权限包括了编辑、审核内容以及管理具体用户。行政员是第二种职务,它拥有将一名用户变为管理员或者行政员的权限,但是一经确认就不能撤销该操作,同时行政员也拥有修改其他用户名称的权限。除了这两种职务之外,部分语言版本的维基百科还设立了仲裁委员会这个机构,这个机构的主要职责是对一些对维基百科社区运营规则进行了严重破坏的案例提出解决措施。在词条编辑过程中会出现观点冲突的情况,当引发争议的是内容时仲裁委员会会拒绝审理,只有当争议爆发的原因是方式出现问题的时候,仲裁委员会才会出面解决,因为维基百科认为内容的冲突可以靠讨论解决,而方式出现问题时则需要将不合适的编辑者踢出,才能吸引更多的用户并营造出和平的社区环境。维基百科所有的管理员、行政员和仲裁委员会成员都是由维基百科的用户组成的,并且只有通过社区民意调查了解用户的意见之后,才可以获得相应的权限和资格。

与维基百科相反,百度百科的管理者不包含一般的志愿者和用户,主要由百度自己的内部员工组成,其余的管理者包括一些拥有特权的高级志愿者(即"蝌蚪团"成员),所以从这个角度上来说,百度百科更偏向于一个自组织和他组织的结合管理组织模式。在百度百科的管理人员中,百度"蝌蚪团"成员的身份还是志愿者,但不同于一般的用户,他们拥有一些专属的权限,如发起词条任务、对特色词条进行推荐、可以无门槛地修改部分词条等。目前"蝌蚪团"仍是发展探索的阶段,所以他们拥有的权限相当有限,包括在发起词条任务的时候仍需要与内部员工的管理人员进行报备审批。当然这也与百度自身是一个商业公司有着一些关系,百度不便于将过多的权利分配给用户。用户想要成为"蝌蚪团"成员,需要向管理员申请,经过管理员的审核认证之后便可成为一员,而目前的其他管理人员以及词条内容的审核人员都是百度内部的员工。

因为维基百科完全由用户进行自行管理,所以就需要更多明确的、公开的相关站务管理的词条来约束用户和管理者的行为。之前的一些研究结果表明,维基百科当中与社区规则相关的词条数量增长迅速,这说明了随着维基百科的不断发展,核心维基用户的关注点不仅仅局限于编辑单一词条或者文章上,而是将关注点放在了整个维基百科社区的建设发展和用户生产内容的质量上。

在百度百科中,因为管理员大多数都是内部员工,所以公司的内部规章制度和百度百科的管理规则容易混为一谈,并且会导致用户对规则难以有清晰的了解。管理员可能会缺乏监督和控制,导致一些管理行为包含了一定的主观性,并不一定能保证代表了大部分用户的意见。

管理规则的差异与两个平台所处不同的发展阶段有一定关系。根据之前的研究结果我们可得知,一个平台想要长期健康发展,那么它就需要完善的规则来保证平台的有序性。目前,百度百科未能拥有较稳定的核心用户群体,而且也正在探索合适的商业化用户生成内容模式,所以它仍需要增加词条量来快速扩张发展,在规则的考虑方面便有所欠缺。

3. 奖励措施比较

维基百科与百度百科不同,它是非营利性的,因此内容生产的用户无法得到显性利益。但是参与词条编辑的过程却极大地激励了内容生产用户去创作,同时维基百科通过选举管理员、给予相关称号等隐性激励措施来激励词条贡献者。从这方面来说,维基百科是在互联网环境下非商业化组织运营的一个成功典范,同时也是网民对过度商业化互联网环境的一次反击。Nov 曾经对部分核心维基百科用户进行了调查,来探究他们进行用户内容生产的受激励因素,调查结果表明,激励因素的前四名依次为乐趣、理解、行善和保护性,而且这些激励因素与用户的贡献度有着密切的关系。此外,如果维基百科的词条内容足够完善,质量足够优秀,就可以被提名为特色条目,然后再由其他编辑用户来决定是否通过。成为特色条目的词条可以轮流在维基百科的首页上展示,这对于编辑该词条的编辑用户来说,是一种极大的鼓舞,起到了一定的激励作用。

由于百度是一家商业化的营利性公司,作为其旗下商业产品的百度百科难以在道义角度占有优势,所以它目前采取的是心理奖励与物质奖励相结合的方式。用户编辑、新建词条均可获得相应积分并进行荣誉升级,并可以通过积分商城兑换实体礼物。这种积分制方式在前期取得了较好的效果，吸引了大量的用户入驻，在我国的国情下使得百度百科的词条数量得以大幅度增长，但同时带来了一些负面影响，例如，部分用户依靠创建无意义的条目、进行重复的编辑等恶劣行为来赚取积分和提升等级。这种积分制方式降低了部分词条内容的质量，而且对于平台的长期发展来说并不是很有利。

4. 收录内容比较

中文维基百科和百度百科在收录内容上有所差异（具体差异如表5-2所示）。通过归纳总结两者收录的词条类型我们可以发现，维基百科的词条数量要少于百度百科，这是因为百度百科的词条中包括了大量维基百科规则不允许收录的词条，如广告、无从考证的词条、热点词条等，但是百度百科大部分词条都可以在维基百科中找到。百度百科更像是一个中文信息库，而维基百科的定位更像是真正的线上网络百科，对于自己收录的内容有着明确的规划和指向性。维基百科的规则要求不允许出现虚构的内容或者是原创的研究，用户需要准备足够多的并且来源可靠的内容来支持他们进行词条的创建和编辑。当一个词条出现多个角度的看法和内容并且都拥有充足的外部来源作为证明时，维基百科会对这些观点进行整理并且进行一个适当的比例分配。

表 5-2 维基百科和百度百科内容比对

内容类型	维基百科	百度百科
字面解释	维基词典收录	收录
说明书	不收录	收录
广告宣传	无	词条内容偶尔会存在
新闻	维基新闻收录	会链接到词条页面，尤其是明星词条
商业黄页、名录	客观阐述公司历史、发展、现状、特点等	更多是纯粹地列出名称、地址等一段信息
只有原始数据或定义的词条	维基共享资源、维基文库收录	只有歌词的词条也收录
无从考证的词条	要有文献标引	大量存在
热词	不收录	收录且有专门的热词团队

维基百科的词条内容主要分为八个部分：置顶词条缺陷（需要填充更多资料来源、不适合写入百科等）、词条概况、基础信息栏、目录、词条内容（按照一定逻辑叙述，避免出现杂乱无章的情况）、注释、参考文献以及外部链接。而百度百科的词条内容则分为六个部分：词条概况、新闻链接（明星词条较为多见）、基本信息栏、目录、词条内容以及参考资料。通过比较可以发现，维基百科比百度百科更注重用户生产内容的资料来源，而且通过在开头标注现有词条内容的缺点和优势，可以帮助用户对词条内容的可信度有大致的了解，以便更好地完善词条。

5. 词条相关特征比较

（1）词条编辑

因为维基百科与百度百科使用的软件不同，它们在编辑功能的支持上各具特征，区别见表5-3。

表5-3 词条编辑功能对比

功能	维基百科	百度百科
页间/页内链接	支持	支持
同义词	支持	支持
开放分类	支持	支持
插入图片	支持	支持
插入表格	支持	支持
插入公式	支持	支持
使用模板	支持	支持
讨论页面	支持	支持
历史版本比较	支持	支持
匿名创建条目	支持	不支持
匿名编辑条目	不支持	不支持
条目编辑审核	不需要	需要
在线编辑功能	复杂标记语言	简单标记语言

通过使用两个平台的编辑功能后可以发现，两者在创建词条时的功能差距并不大，对于词条内容的不同格式需求都得到了基本的满足。但是百度百科在这方面的优势是它的操作界面更加简洁，更适合新加入的用户进行操作，维基百科的编辑则需要掌握复杂的标记语言，所以用户进行内容生产的门槛较高。然而在用户编辑的严谨性和版权保护方面，维基百科则是做得更好的一方。在维基百科的词条编辑过程中，如果用户引用了他人的内容就必须标明出处和来源，这是编辑规则里十分重要也是必须遵守的一条。在百度百科的规定中虽然也有相同的要求，但是在实际操作中百度百科的内容审核员并未对这方面进行仔细审核，这导致了百度百科存在着侵权现象以及可信度不高的问题。

（2）词条审核

在审核机制方面，由于维基百科是非营利性组织所运营的，而百度百科是由商业化公司来运作的，运营性质和商业环境的差距决定了维基百科和百度百科审核制度的侧重点不一样。前者更侧重版权保护与原创性，而后者审核更侧重内容敏感度。

维基百科在一开始采用的是无须审核的机制，但随着平台的不断扩大、用户数量的不断增长，为了保证词条质量，维基百科逐步增加了管理员审核制度以及事实校验和实时同级评审规则。在这样的规则下,管理员的职责主要包括了对用户编辑的词条内容进行审核,对于不符合规定的以及侵犯版权的内容进行删改,将来源不明或者缺乏中立性描述的词条进行标记。当涉及敏感话题或者难以判断的案例时,由仲裁委员会出面解决。所以说,维基百科的社区是民主的,而且社区的核心成员主要是精英群体。

百度百科中所有提交的编辑内容都需经过由百度公司内部员工组成的管理人员进行人工审核。而且与维基百科的后审制度不同,百度百科采取的是先审后过制度,这可以进一步确保敏感性内容不会出现。而且假如用户在词条编辑过程中涉及一些敏感问题的词条,那么该用户的本次操作会受到牵连而被屏蔽。这种审核机制是由百度百科所面临的特殊情况所决定的,会导致百度百科出现不够中立客观的情况,也决定了百度百科无法做到和维基百科一样具有全面的词条范围。

(3) 词条质量维护

在维基百科和百度百科发展初期,公众对于线上百科全书的质量持有怀疑态度,为了回应这些质疑以及维持平台的长期发展建设,两个平台都制订了一系列提升自己词条质量的措施。维基百科为了保障词条内容的质量,制定了一系列相关的规则,其中最关键的就是非原创研究、中立的观点和可供查证的三大内容生产政策,除此之外,维基百科的讨论页面在词条质量提升方面起着至关重要的作用。研究发现,在英文维基百科里,94%的编辑次数在100以上的页面有对应的讨论页面,而且讨论页面中大多数的评论都对词条内容的提升有着正向作用。而这方面百度百科有所缺失,虽然百度百科也有相同功能的讨论界面,但在大多数词条的讨论界面下几乎无人讨论。百度百科为了提升自己的词条质量,创办了百科任务这一长期活动,通过发起编辑词条的任务吸引用户来参加,完成任务的要求并通过审核的用户可以获得相应的奖励,以此来提高用户的积极性和词条质量。百度百科的"蝌蚪团"制度和"科普中国"计划是提高词条质量的进一步尝试,通过召集专业人士来为词条进行审核和编辑,并为词条质量背书,保证了词条内容的可信度。但是百度百科的敏感性审核制度对词条质量的中立性和全面性有着不小的负面影响。

5.2.2 百度百科较维基百科的一些特色

(1) "蝌蚪团"制度

百科"蝌蚪团"是由百度百科中一批有一定的知识储备或者相关技能、愿意分享自己的知识、把协作编辑作为信仰的参与者组成的团体,是现阶段百度百科发展的中坚力量。"蝌蚪团"成员的标准:需要对词条有较高程度的认知和了解,具有较强的词条编辑能力、评审及判断能力。基于以上考虑,百度百科赋予了"蝌蚪团"成员比一般普通参与者更多的权力,同时也会给予一定的物质奖励,但与之相对应,"蝌蚪团"成员需要比一般参与者承担更多义务。"蝌蚪团"团队由百度百科官方直接领导和管理。

"蝌蚪团"成员的权利、义务、入团条件如表5-4所示。

表5-4 "蝌蚪团"相关信息

权利	义务	入团条件
拥有专用交流平台——百科"蝌蚪团吧"	应遵守"蝌蚪团"章程,接受监督考核	积极参与百度百科的建设,掌握百科栏目中各种工具和功能的使用,了解并严格遵守百科规则,具有良好的历史编辑记录
百度用户名前带有小蝌蚪标志	需要为百度百科持续地贡献优质内容;创建和编辑词条;补充百科中缺少的信息;提高已有词条的质量;妥善地进行添加同义词等活动;带动、引导核心用户的编辑积极性	等级达到5级以上
在百度个人中心拥有工作室,并拥有更多的管理权限	有义务关注百科的发展,并提供意见与建议	编辑版本通过率在85%以上
有特定的团队福利和特殊荣誉	需要具备集体协作的精神,并进行互相监督和引导,帮助团队成员的行为符合规则	复杂编辑版本在50个以上
按照奖励累计总分给予奖品和徽章		初级优质版本在10个以上
		中级优质版本在5个以上

此外,每位"蝌蚪团"成员需要定期接受考核,在考核期间内完成一定量的词条编辑,对每位"蝌蚪团"成员主要是侧重于专业素质和综合素质方面的评估。根据考核结果会给予相对应的积分奖励,然后成员可以使用自己已经获得的积分在商城中兑换实物礼品卡。

通过进行设立"蝌蚪团",百度百科拥有了一批核心参与人员,以此来保证词条的专业性和客观性。

（2）专家认证特色词条

百度百科与中国科学技术协会在2017年展开合作,共同建设"科普中国"这项大规模科普建设工程,双方希望通过这项计划,联手10万以上的科技工作者、100万以上的编撰志愿者,在3～5年后可以完成覆盖所有自然科学的权威网络百科全书,从而实现到2020年大众中拥有基本科学素养的人的比例可以超过10%的目标。截至目前,百度百科已经上线了187 239个科学词条,覆盖了健康医疗、航空航天、天文学、环境生态、心理学、地球科学、化学、数理科学、生命科学、工程技术、农业科学、信息科学等多个领域。

该建设工程主要是针对相关的专业科学词条。在编辑过程中,由于该类词条对于专业素养和知识储备的要求较高,所以网友在编撰此类词条时会出现词条不够科学和严谨的情况。百度百科跟中国科学技术协会合作,邀请国内的科研工作者来进行词条的编辑和审核工作,其目的在于有效提高百科词条的科学性、准确性和专业性。在展现的内容形式上,百度百科的科普词条采用了图文、视频等多种多样的形式,使普通的用户能够更容易理解复杂的理论知识。截至目前,百度百科已累计完成专家讲解等知识科普类视频逾1 500条。

百度百科希望通过专家认证词条的设立来提高自己的科学性和权威性,以此改变之前百度百科的一些负面刻板的印象,并起到对社会进行科学科普的作用。

5.2.3 特色制度为百度百科带来的优势

以"阿尔兹海默病"词条为例。

该词条在2017年加入"科普中国"计划的科学条目,由官方账号卫计委科普项目进行了最后一次条目编辑,自此以后该条目锁定,不得由一般参与者进行修改和编辑。

表5-5将2017年前百度百科中"阿尔兹海默病"的最新编辑版本、2017年后专家认证词条版本以及维基百科现阶段的词条版本进行比对。

表5-5 "阿尔兹海默症"条目内容对比

对比内容	百度百科(2017年前)	百度百科(2017年后)	维基百科
目录	分为六部分:病因、临床表现、检查、诊断、治疗、预后	分为六部分:病因、临床表现、检查、诊断、治疗、预后	分为14个部分:症候和症状、病因、病生理学、诊断、预防、治疗、预后、流行病学、历史、社会和文化、研究方向、参考文献、延伸阅读、外部链接
名片介绍	包含最基本的概念、各类名称以及多发群体	包含最基本的概念以及多发群体	包含概念、各类名称、病状介绍、成因简介、治疗情况简介以及相关历史
优点	内容通俗易懂	经过专家认证的词条准确性得以保证、内容通俗易懂、有科普文章和科普视频	目录的每个条目下都有详细的子条目、条目的解释专业术语使用较多、参考文献详实、附有延伸阅读
缺点	内容单薄、缺乏科学性和准确性	内容相对较少、专业性解释较少	语言表达过于学术,导致阅读有部分门槛

由百度百科 2017 年前的词条与维基百科词条进行对比可以看出,百度百科在纯靠网友自发进行词条编辑的情况下,词条从专业度、准确度和丰富度的角度来说,都做得远不如维基百科。而 2017 年后百度百科与科学技术协会展开合作,进行了"科普中国"计划后,在专家认证的编辑和审核下,词条质量的准确性已经有了极大的提升,这方面主要体现在专业用词的使用上。尽管在专业性上和准确性上已经有所提升,但通过对比专家认证词条和维基百科词条,我们还是可以发现,维基百科在内容的丰富度上还是远远超过百度百科,整个词条相比之下,维基百科词条显得更加全面、专业和科学,这点上百度百科仍然需要做很多。

而百度百科有自己的特色之处,针对"阿尔兹海默病"这类科学性词条,百度百科引入相关科普文章栏,相比维基百科的术语性话语,此类文章可以用更容易理解的话帮助更多的人了解这一词条的相关内容。除此之外,百度百科与更多的科研工作者进行合作,录制了与词条内容相关的视频,视频内容浅显易懂、丰富多彩,为科普科学常识和概念方面做出了重要的贡献。

由此可以看出,在进行"科普中国"计划和培养"蝌蚪团"计划之前,百度百科的词条内容质量不算很高,尤其在维基百科的对比之下可以发现,百度百科无论是在词条质量和词条数量上都难以与维基百科相比,尤其是在科学领域的词条上百度百科一直存在着不够严谨和准确的问题。而在引入"蝌蚪团"制度和专家认证制度之后,百度百科的词条质量有了显著的上升,所以,如今的百度百科已经不完全是纯粹意义上的用户生成内容模式,而是包含了专业生产内容和品牌生产内容模式。

5.3 研究设计与抽样依据

1. 研究设计

本章主要针对用户生成内容模式的可信性的影响因素展开分析,并对这些因素影响维基百科和百度百科词条的科学性和准确度的效果展开讨论,进而探究出合适的百科类用户生内容模式。

若将一个内容生产单元看作一个整体,那内容生产者指整个内容单元的协作社群,在本章研究中百度百科和维基百科的一个词条就是一个内容生产单元。因为网络具有不确定性的特点,所以人们对于网络内容生产单元的可信度难以用现实的经验来判断,在这种前提下,可以通过声誉系统和协作经验来帮助人们对网络的研究对象进行一个可实行的有效评估。但是在维基百科和百度百科的基本情况下,这种机制很难展开和实行。虽然在社群中可以动员大家以一种民主的方式来选择社区管理员以及对词条进行评估判断,但是这类特色词条的数量和社区管理员的数量所占比都不大,例如,核心用户在维基百科全部用户人群中仅占总量的 0.3%,可以说得上是达到微乎不记的地步。事实上大部分的词条并不足达到让人可信的状态,人们缺乏显性的可信判断依据。在虚拟社区环境下,只能通过推导与最终内容生产有关的相关因素来判断最终产出内容的可信度。

本章需要对词条质量进行测算,由此得出的数据可以对研究分析进行支持。本章对维基百科和百度百科的样本词条进行了准确度、广度和深度的测量。本章将两个线上百科中的词条内容分成许多信息项,每个单独传达某个事实或判断的词汇被视为信息项。每个信息项与具有权威性的传统百科全书进行参考比较,如 Encyclopedia Britannica(不列颠百科全书)和官方的网站信息等。在对所有词条进行比较后,可以得到各个词条的准确度。此外,本章研究还考虑了词条信息的广度和深度,挑选了在一个百科全书中出现但未在另一个百科全书中出现的词条信息,并对其进行分析。在这些专业的信息内容中,每个信息项都会收到两个方面的评价:信息项和词条内容之间的相关性以及信息项的深度。评价等级从低到高,其中,最低评价表示它与词条完全无关或者它根本没有价值,最高评价表示它与词条内容非常匹配或者它非常有价值。收集数据后再对得到的分数进行分析,最终获得每个词条关于深度和广度的最终评价。

2. 数据获取的依据和抽样规律

百度百科的"科普中国"计划是为了解决自身词条存在科学性和准确性不足问题而进行的一次尝试,所以百度百科的专家认证词条可以认为是百度百科中质量处于平均水准之上的一系列词条,通过对它们进行前后内容的分析,可以更好地分析百度在从单一的 UCG 转向 UCG 和 PCG 结合的内容,将其与维基百科的词条进行比较,高质量词条的对比能更好地得出结论。

我们使用有目的的抽样方法来选择 7 个样本词条。我们通过不断点击维基百科上"随机条目"的链接生成一个随机选择的条目列表。这是维基百科的一个功能,它会随机提供一个条目的链接。从列表中,我们根据以下标准选择了 7 个样本词条。

① 同时包含在百度百科和维基百科中。

② 在百度百科的"科普中国"计划中。

③ 属于不同的领域,不同的领域仅包含一个词条。

最终从符合的条目中选择了词条信息量最多的 7 个样本词条,它们分别是阿尔兹海默病、区块链、抗生素、庞氏骗局、巨齿鲨、氧化铝、图灵测试。为了比较维基百科和百度百科的上述 7 个词条,我们分别统计了它们的协作者数量、编辑版本数量、编辑频率和参考文献数量,并对两个平台的相关数据进行了比对。

5.4 研究数据的处理与分析

1. 分析思路和逻辑

在本章研究中,我们基于之前学者所做的调研结果,分析了用户生成内容模式的可信度影响因素。经过总结,影响因素主要包含了社区因素、协作者因素、内容线索因素、用户个体因素四种影响因素。

① 社区因素主要包括了社区开放度和社区管理者信任度。其中社区开放度是指用户对协作社区在开放程度方面的认知,主要涵盖了他们对社区的基本规则、组织方式、目标的认知程度。而社区管理者信任度指的是用户对于社区管理者的信任程度,涵盖了对社区管理者的管理方式、管理者身份等方面的认同程度。

② 协作者因素主要包括了协作者的数量和协作者的声誉。根据 Linus 法则可以推断出,最终生成内容的可信度与协作成员数量成正比关系。而协作者的声誉主要是指协作者的生产内容质量、生产量等个人特质,这种特质在一个相对较小的社群之中的影响会很大,而随着社群中的人数不断上升,个体的影响力不断下降,在一些情况下就可以忽略这种特质,如在百度百科和维基百科这种拥有大量用户的平台上。

③ 内容线索因素主要包括参考源和可查证性。前者是指引用文献的数量和权威性,后者是指外部链接是否有效以及信源数量。

④ 用户个体因素主要包括信息卷入度、社区参与度、怀疑倾向和查证倾向。信息卷入度是指产出内容与用户的日常生活信息相关的程度,根据之前的研究结果可以得知,信息卷入度越高,内容的可信度越高;社区参与度是指用户参与社区治理建设和内容生产的程度,在研究对象是百度百科和维基百科时,这种因素多半由编辑频率和访问频率来指代,这也代表了当代网络社群的特点;怀疑倾向是指用户对于用户生产内容的怀疑程度;查证倾向是指用户对用户生产内容以及参考源的查证意图程度。

在本章的研究中,出于精简和排除难以量化因素的目的,有条件地选择了部分影响因素进行研究,主要包括协作者因素、内容因素和用户个体因素。

2. 样本描述

统计数据结果如表 5-6 所示。

表 5-6 统计数据结果

词条	百度百科			维基百科		
	协作者数量	编辑版本数量	编辑频率	协作者数量	编辑版本数量	编辑频率
阿尔茨海默病	61	136	29.5d	277	615	7.8d
区块链	49	114	15.8d	86	212	8.7d

续表

词条	百度百科			维基百科		
	协作者数量	编辑版本数量	编辑频率	协作者数量	编辑版本数量	编辑频率
抗生素	102	209	21.8d	145	333	16.3d
庞氏骗局	81	121	38.4d	94	133	37.8d
巨齿鲨	179	338	13.5d	116	205	23.3d
氧化铝	121	203	22.8d	70	114	43.1d
图灵测试	52	91	51.9d	86	125	44.5d

此外，研究结果发现，维基百科在7个词条中有5个具有更高的准确率，维基百科和百度百科的平均准确率分别为95.57%和88.03%。

在7个样本条目中，维基百科有6个词条的广度等级较高，同时在4个词条上维基百科具有更高的深度评价。我们计算了两个百科全书中的信息项数，以更准确地比较两个百科全书的信息量。在此方法下，维基百科的5个词条中包含更多信息。此外，7个词条中出现的图片数量在维基百科中有23个，而在百度百科中只有14个。因此总的来说，维基百科信息量更大。

3. 数据分析

从收集到的统计结果来看，维基百科在7个词条中有5个词条的协作者数量和编辑版本数量均大于百度百科。由此可见，维基百科的协作者的积极性更高，而且参与用户生成内容的人数更多，这就是协作者因素对用户生成内容模式影响的体现。在用户生产内容模式中，协作者的个体积极性越高，就意味着协作者对于词条编辑的责任感会越强，因此对于词条编辑者来说，词条的准确性就会处在比较重要的位置。尽管对于维基百科这种大型平台来说，个体的影响并不会产生较大影响，但是当大部分用户都表现出相似的积极特质时，整个平台的用户创作氛围将往更好的方向发展，相对应地，用户生产内容的质量会达到更高的水准。而根据之前的研究结果，对外开放内容的可信度和协作者人数成正相关关系，当协作者人数变多，意味着看待问题的角度也会变多，面对错误也会有更多的机会来纠正和改善，因此虽然从个体角度上每个人都会存在着一定的个体偏见，但是从宏观角度来看，随着越来越多的人参与，最终内容产出的结果会向相对客观准确的方向演进。

从词条编辑频率的结果来说，维基百科的大多数词条编辑频率比百度百科的要高，词条的编辑频率可以从一定角度上替代用户的社区参与度。当一个平台拥有大量的用户流量时，则需要将流量有效转换为用户的社区参与度。社区的用户参与度越高，代表着用户对社区的社区的建设和维护有着更强烈的倾向，对社区会有更强烈的认同感。因此，对于百科平台上的用户来说，对社区进行建设和维护的主要表现就是提升百科词条的质量。

词条质量的可信度与内容的来源有着紧密的关系。根据研究结果可以发现,维基百科词条的参考源的数量基本都多于百度百科,甚至有部分百度百科出现了没有参考文献或者外链失效的情况,而这在维基百科上很少出现,这与两个平台的编辑规则有一定的关系。参考文献给得越多且参考文献的权威性越高,则更容易提升词条的整体可信度。

此外,从本次研究和之前的研究结果中可以发现,在百度百科中也有优于维基百科的词条。这些词条主要是与中国更紧密的一些词条(如中国历史文化等)以及一些诞生在中国境内的热点词条。

5.5 研究结果与讨论

1. 研究结果分析

从上述研究中我们可以发现,不管是什么时期的百度百科,其用户生产内容的质量与维基百科始终有着差距。参考过去的研究结果,我们对造成准确度差异的原因进行分析。

准确性的差异可能源于这样一个事实:与维基百科不同,百度百科缺乏成熟的咨询系统来解决因网络编辑的随意性所造成的问题,这主要是两个平台在词条质量维护方面的差异所造成的。由于用户参与编辑词条的行为主要是由兴趣驱动的,因此缺乏足够的动力来对词条的准确性进行验证和核实。而维基百科提供了一种咨询方式,即讨论页面。Wang 认为,讨论页面是用户在编辑词条过程中讨论内容和纠正错误的辅助工具,因此讨论页面功能可以有效提高百科词条的准确度。用户生产内容受到维基百科讨论页面的极大影响,它为编辑提供了一种分享信息的手段,使用户可以生产出更高质量的内容,而且降低了参与门槛,有效提高了用户的参与度。

此外,维基百科和百度百科在组织系统和分类上面的差异也是一个造成两者准确度有差距的重要原因。贾君枝和李艳发现,维基百科有各种分类法,而百度百科只有一种,因此维基百科中的词条更加密切地相互影响。当用户使用编辑器来编辑条目时,将考虑更多相关词条。

同时,社区价值观对于社区的用户生产内容的最终结果十分重要,而社区价值观的主要影响因素正是社区的运营方式和理念。维基百科目前主要由非营利性组织来运营,大部分收入来自捐赠,所以整个社区中的用户思维更倾向于无私奉献和付出,这是由美国在知识方面的社会文化所决定的。而百度自身作为一家商业公司,不可能在一个项目上选择亏损,所以百度需要将百科类用户生成内容的模式与自己的商业化发展结合起来,如采用竞价排名模式以及面向潜在顾客的用户生成内容的消费模式。但这种商业化的运作决定了百度百科难以做到像维基百科那样拥有一个无私分享奉献的社区价值观和氛围,用户不会愿意在不收报酬的情况下将自己产出的内容被平台直接商业化,也不会原意自己产出的内容因为商业方面的因素被擅自修改。所以,在这种局面下,百度百科在运营上需要给予用户更多激励,这样才能保证产出的质量,而当用户觉得激励不足时,所产出的内容质量势必会下降。同时这也解释了为什么百度百科难以通过讨论页面来提高词条质量。

维基百科和百度百科在管理方式之间的差距也是造成两者准确性存在差距的一个原因。维基百科是自组织形式,所以需要更多明确的规则来约束和引导用户的行为,当用户知道自己可以来管理自己参与的社区活动时,便会投入更大的积极性,这就提高了用户的社区参与度,用户不仅仅关注单一词条的编辑,而是更注重整个社区的整体质量该如何提升。而百度百科的管理者多半由百度内部员工组成,他们掌握着审核和管理的权利,用户难以参与到社区的管理当中,只能单纯地为社区的建设做基本的词条编辑,这导致用户对社区的认同感比较低。而词条的审核制度是否合适与管理者的个人特质有极大的相关,因为百度百科的管理员的行为难以受到用户的管制,所以最终内容产出的客观中立性会有受到较大的影响。这不仅仅是由百度自身特质所决定的,同时也和两个平台发展的阶段有密切关系,百度现在仍然以扩大词条量为主要目的,所以需要将规则制定和社区管理的主动权把握在自己手中,以此来保证目标的实现。

在词条编辑和审核过程中,对于无从考证的词条,维基百科需要有文献标引才能通过审核,而百度百科中则存在着大量无引用文献或者较少引用文献的词条。百度百科在引用文献方面的疏忽和不重视,是导致它和维基百科在词条质量方面产生差异的重要原因,这在某种程度上来说是由国内版权意识低和关于版权的法律制度不够完善所造成的。百度百科在审核过程中更注重词条是否有敏感性内容,这种审核会对词条的中立性和客观性带来不好的影响。

兴趣动机会影响用户生产内容的结果。用户在编辑词条时往往不会倾向选择超出他们兴趣范围或者他们擅长的词条领域,而维基百科的用户可以在谈话页面的帮助下更容易地添加信息。而且维基百科的中立原则会对用户生产内容带来正面影响,维基百科的第一个基本原则是"文章应该对条目进行公正或中立的描述",相比之下,百度百科的编辑没有这样的限制。个人情绪倾向会对参赛作品中使用的词汇产生影响,会给人一种存在偏见的观感。

2. 对策与建议

本研究结果对于百度百科的未来发展和建设具有一定的实践意义。

因为百度百科是一款网络百科全书,所以它要做到的是具有准确性和科学性。前文已经分析出维基百科在大部分科目条目下的准确性和科学性都比百度百科的要高,维基百科之所以能够做到这样的高标准,主要原因在于其优秀的讨论和分享的氛围。但百度百科囿于国内的内容生产分享的窘境和自身的公司文化背景,在目前的情况下很难在这方面向维基百科靠拢,所以百度需要结合国内实际背景和自身情况,探索出一条适合百度百科发展的特色道路。百度作为一家商业公司,具有维基百科所不具备的资源优势,所以如何利用好自己的资源,将商业化和用户生产内容模式有效结合起来,是百度需要不断思考和探索的重要问题。百度百科的"蝌蚪团"制度和"科普中国"计划都是很好的尝试,且在一定范围内提升了词条的专业性和可信度。

根据之前提到的研究结果,我们知道用户生成内容的质量和可信度与用户的参与度有紧密的关系,所以如何设计出适合百度百科发展的激励措施十分重要。百度百科需要在现有措施的基础之上,进一步完善自己的奖励机制,用具体奖励来带动用户的讨论积极性和培养用户进行内容生产的习惯,进而不断提升用户参与度,以提高词条质量。而这个奖励机制既要包括显性激励,也要包括隐性激励。在词条的发展初期,可以使用一定的物质奖励,这样可以在短期内积累大量的用户,并且提升用户生成内容更新的次数和频率,而在后期则可以使用一些隐性激励措施,如优化积分和等级系统,引入排名系统,引入荣誉系统,等等,这些隐性激励措施能够促使用户对社区产生认同感,且能维持更长的激励效果。除了奖励措施,还可以引入一定的惩罚措施,对于恶意篡改词条的用户进行一定的惩罚措施,这可以从另一个角度帮助词条质量的提升。

在运营和管理方面,百度百科有许多可以改进的地方。一个好的运营制度能够营造一个好的社区氛围,让用户能够对社区产生更多的认同感,并自愿去维护用户生产内容平台的建设和发展。现在百度百科的管理员多半为百度的内部员工,他们拥有词条编辑的最高权力和词条审核的权利,而且百度百科在管理规则方面存在缺失。所以百度百科应该将社区的管理权部分放权给用户,让用户参与到社区的建设和发展中来,并且通过一种较为公平的方式制定百度百科的相关制度,充分考虑用户的意见。这对于用户的心理认同感来说十分重要,实际上这也是一种隐性激励措施,能够让用户自愿参与到内容产出和社区建设中来并为之付出时间和努力。

百度百科需要更加重视讨论页面这一功能,维基百科的讨论页面对于词条的质量十分重要。通过提供讨论页面,可以提高用户的社区参与度。而在讨论的过程中,可以避免个人观点的偏见所导致的词条内容的偏差。所以百度百科应该有意识地引导用户使用讨论页面功能,例如将使用讨论页面这一行为纳入激励措施的范围之中,对于经常使用和主持讨论页面的用户给予一定的奖励或者头衔,以此对用户进行激励,以便保证用户生产内容的客观性和中立性。

除此之外,百度百科应该邀请更多的各行各业的专家学者参与到词条的编辑和审核中来,统筹规划各个学科的重要条目,并要求定期上线进行编辑完善,从根本上保证词条的科学性。百度百科仍然可以与各大高校展开合作,百度目前的百科校园计划仍然处于不成熟的阶段,并未有效开发大学资源,高校学生所参与编辑的词条质量也不高,百度百科需要对高校资源进行整合,将学生和老师的力量都动员起来,从而加速内容生产的更新。

此外,百度应该继续发挥自己现有的特点,如在科普方面更近一步等。在翻看维基百科的相关科学词条时,虽然维基百科中的内容十分专业和翔实,但是对于学科知识基础较弱的用户来说,学习和接收知识比较费劲,这无形之中给内容生产的用户设置了较高的门槛。所以在这方面,百度已经从到维基百科的局限性中吸取经验,在部分专业词条界面已经设立了科普文章和科普视频的条目,这点对于一些入门的新用户来说十分友好,可以使新用户通过一些浅显易懂的文章和视频对这类词条有个基本的了解,从而获得一定的知识储备,使他们有一定的概率继续研究该词条的相关内容。百度应该继续发挥自己的科普优势,通过增加更多的科普文章和视频来降低词条学习门槛,进一步地巩固已有的用户流量。

除了科普的特点之外,百度百科的生活和新闻的相关条目是它的热门条目,网民会随着热点事件的出现而搜索相关条目来获取信息。这类条目的编辑和浏览门槛较低,但却能吸引较大的网络流量,所以我们认为保留和发展此类条目有着很大的必要性。百度需要此类热门条目来吸引更多的用户群体,并且通过完善词条来向用户证明百度百科的专业性,从而吸引更多的潜在用户的加入。而学术条目可以与此类条目进行分流,百度百科现在对部分科学条目进行锁定操作就是分流的一种表现,这样既可以吸收更多的用户,也可以保证学术条目的科学性和可信度。

3. 研究总结

本章以百科类用户生产内容的两个主要平台百度百科和维基百科为例,通过分析两个平台之间的在组织运营、管理等方面的区别以及词条质量的差异,来对用户生成内容的模式的影响因素展开研究。

研究结果表明,维基百科的词条质量在总体上是更高的那一方,而百度百科仅在一些特有词条上表现得更好一些。百度百科采取了一系列举措(如"蝌蚪团"制度和"科普中国"计划等)来提升自己的词条质量。由于我们的研究仍处于初步阶段,因此仍然有很多地方需要改进。本次研究的规模较小,选取的样本词条数量并不算太多,样本的规模需要增加。此外,在探究词条内容的可信度时,可以在研究中考虑更多的可能影响因素,如条目之间的关系和提供的链接质量等。

根据研究结果,本章得出结论,像维基百科这样成熟的在线百科全书对于历史领域的普通用户来说是可靠的,而百度百科虽然稍显不如维基百科,但它正在不断完善自身,并且在科普方面做出了很大的贡献。但是,它们都仍存在局限性,也肩负着极大的责任。提高百科类用户生产内容的可信度不仅是必要的,而且是非常重要的,因为它们深刻地影响了知识传播的过程。百度百科是国内的第一大百科类用户生产内容的平台,因为用户生产内容行业背景的原因以及自身的一些局限性,尽管百度百科已经做出了一些进步的尝试,但它的质量仍没有达到维基百科的水准,所以,百度百科需要继续发展其运作机制以及明确发展方向,从而提高它的词条质量,这也是百度百科的一项社会责任。因为建立一个组织良好的知识社区对于社会而言是好的现象,这意味着可以为专业人士建立一个交流思想的平台,从而最终提高整个社会的知识文化水平。

本章研究主要从用户的角度出发,探究百度百科和维基百科在多方面存在的差异对用户可能造成的影响,以及这些影响将会对用户生产内容的结果造成的差异。在未来的研究中,可以结合更多的平台之外的客观因素,分析更多对百科类用户生产内容模式产生影响的因素,以及展开对其他类别用户生产内容平台模式的分析。

本章参考文献

[1] Benkler Y. The wealth of networks: how social production transforms markets and freedom[J]. Journal of Media Economics, 2007, 20(2):161-165.

[2] Bonson E, Flores F. Social media and corporate dialogue: the response of global financial institutions[J]. Online Information Review, 2011, 35(1): 34-49.

[3] Prahalad C K, Ramaswamy V. The future of competition-co-creating unique value with customers[J]. The Academy of Management Executive, 2004, 18 (2): 155-157.

[4] van Dijck J. Users like you? theorizing agency in user-generated content[J]. Media Culture and Society, 2009, 31(1): 41-58.

[5] 艾瑞市场咨询有限公司. 中国式 UGC 白皮书简版[R]. 北京:艾瑞市场咨询有限公司,2013.

[6] 王晨. 基于用户研究的 UGC 激励模式研究[D]. 武汉:华中科技大学,2016.

[7] 金兼斌. 博客个人出版的理想:现实与未来[J]. 新闻与传播研究,2004,11(4):53-61.

[8] 赵宇翔,朱庆华. Web 2.0 环境下影响用户生成内容的主要动因研究[J]. 中国图书馆学报,2009,35(5):107-116.

[9] 郝若琦. 美国大学生社交网站使用动机研究[D]. 西安:西北大学,2010.

[10] 秦芬,李扬. 用户生成内容激励机制研究综述及展望[J]. 外国经济与管理,2018,40(8):141-152.

[11] 罗志成,关婉湫,张勤. 维基百科与百度百科比较分析[J]. 情报理论与实践,2009,32(4):71-74.

[12] Nov O. What motivates Wikipedians? [J]. Communications of the ACM, 2007, 50(11), 60-64.

[13] 张薇薇,朱庆华.开放式协作生产内容的可信性评估研究[J].情报资料工作,2011(6):21-26.

[14] 罗志成,付真真.外部因素对维基百科序化过程的影响分析[J].图书情报知识,2008(3):28-33.

[15] 常静.百度百科及开源社区参与者的动机与行为关系的实证研究[D].广州:华南理工大学,2010.

[16] 赵飞,周涛,张良,等.维基百科研究综述[J].电子科技大学学报,2010,39(3):321-334.

第6章 网络问答社区"潜水者"研究：以"知乎"为例

2018年中国互联网络信息中心在第42次《中国互联网络发展状况统计报告》中指出，截至2018年6月，我国网民规模为8.02亿，和2017年末相比增加3.8%，其中无线通信设备网民规模达7.88亿和2017年末相比增加4.7%，互联网覆盖率达57.7%。

由此可见，随着计算机与网络技术的迅速崛起，当今社会互联网的覆盖范围得到快速增大，无论是大众的日常生活还是工作学习，都已经离不开互联网的帮助，人们已经进入网络时代。人们享受着互联网带来的好处，但在信息呈爆炸式增长的大数据时代，海量的信息给用户精准搜索带来了挑战。同时，用户不再满足于被动地接收信息，他们更希望能参与到信息共享的过程中，获得网络话语权和主导权，通过互联网分享自己对某一领域、某个事件或者某个人物的认知，发表私人观点，发泄心中的情绪。因此，社会化网络问答平台应运而生。

社会化网络问答平台利用社交网络，通过用户提问和回答一来一往的互动形式汇聚了众人的智慧，从而产生价值。其不仅搭建了用户间沟通的桥梁，也促进了信息向知识的转换，帮助用户更精准、迅速地搜索到有用的信息。

社会化网络问答平台开始于美国。2009年6月，Quora在硅谷开设，是最早把社交网络引入问答社区的应用。2011年，中国版Quora——"知乎"——创办。不同于"百度知道""雅虎""爱问"等早期问答平台，它融合了众多Web 2.0时代的特点，在基础功能之外，更加突出社交功能。内测阶段的"知乎"采取邀请注册制，其用户为各行各业的精英，具备极强专业知识，从而有许多高质量回答从"知乎"产出。后来，全网用户都可以注册"知乎"，该社区在广大网民的参与下不断丰富和完善。以往的研究多关注"知乎"的用户知识分享动机、知识生产模式、内容运营策略、商业模式、意见领袖等方面。

但是据"虎嗅网"发布的"知乎"用户分析结果指出，其中80%的人进入平台后从未回答过任何问题。研究者将此类社区成员叫作"潜水者(lurker)"，此类行为被叫作"潜水行为(lurking)"。这部分用户往往被研究者所忽视，但随着"知乎"的商业化的发展，"潜水者"的研究意义和价值显而易见。而如何从这些"潜水"用户中挖掘出更多的用户,使他们积极参与到"知乎"平台的应用上去则是关注的焦点。

6.1 "潜水者"研究

1. 文献检索

(1) 国内文献检索

在 CNKI 中国知网上,以"潜水行为""潜水者""隐客"为主题词检索后发现,国内对于该领域的探索特别少,共得到 11 篇文献,最早的文献发表于 2005 年。文献研究范围大都集中在知识分享、网络群体交互、行为动机等方面。蒲青运用准社会互动理论,探索影响"潜水者"和活跃者准社会互动关系的因素,并进一步探索这些因素怎样影响"潜水者"的购买倾向;刘江在梳理了前人对"潜水者"的研究成果后,赋予网络"潜水者"新的定义,并进一步整合现有的理论基础和"潜水"动因,形成一套"潜水者"理论框架和动因分类体系;白利群基于网络社交平台,研究不同种类的网络社交平台用户知识分享意愿的影响因素。总的来看,这几年,国内研究人员对"潜水者"的关注越来越多,研究的范围也越来越大。

(2) 国外文献检索

在 EBSCO 数据库中,以"lurker"和"lurking"为关键词进行检索,共得到包含学术理论期刊、杂志、贸易出版物在内的 159 篇文献。其中,我们以社交网络为主题进行筛选,共得到 29 篇相关文献。观察文献来源可以发现,目前行为与心理和信息系统领域的研究者对网络"潜水者"和网络"潜水"行为最为关注。文献数量较少说明对于该领域的研究仍处于初级阶段。同时可以发现,其他国家对于"潜水"行为的探究和我国相比要多很多,探究的范围比较聚集。国外对于"潜水"行为的研究最早开始于 1999 年。早期的探究大都是关于"潜水"用户能不能被认为是平台的合法成员。一些学者认为"潜水者"只享受别人分享的知识,对虚拟社区创作没有任何贡献;还有一些研究人员认为"潜水者"是虚拟社区不可缺少的部分,应该深入考虑他们对论坛的作用。在之后的深入研究中,学者们结合理论,主要探究"潜水者"的行为及动因,随着技术的进步和新兴媒体的出现,其动因变得更加复杂和丰富。与此同时,学者们还在研究对"潜水者"的激励,但是目前专门针对"潜水者"的激励研究并不多,大多数文献研究的是怎样调动所有用户的积极性。因此,本章更多的是参考外文文献,探究"知乎"平台"潜水者"的行为动机和对"潜水者"的激励。

2. 网络"潜水者"相关研究

(1) 网络"潜水者"研究的理论基础

通过梳理国内外研究"潜水者"的文献,可以发现有非常多的理论可以支撑"潜水"现象,这些理论主要集中在社会学、心理学、经济学三大学科,具体包括社会资本理论、文化资本理论、使用与满足理论、组织承诺理论、社会认知理论、博弈论、社会交换理论、社会学习理论、情境学习理论等。例如，Rafaeli 等学者用社会资本理论去探究个人社会资本对用户在网络社区中参与程度的影响；Cliff 利用社会心理学里的社会懈怠效应，研究网络社区用户群体规模的扩大对用户"搭便车"心理和贡献内容积极性的影响。

(2) 网络"潜水者"的概念

在网络社区中，衡量成员价值及成员创造利益能力的重要方式和方法就是对成员进行分类，同时这也是管理成员关系的重中之重。社会化网络问答平台作为网络社区的一种，对用户分类对平台制定用户政策同样起着指导作用。最早 Armstrong 和 Hagel 在 1996 年研究网络社区时依据用户参与程度和价值纬度，把用户划分成购买者、贡献者、"潜水者"和阅览者四类。他们对于"潜水者"的定义是指那些在平台停留但是却不会积极主动地贡献内容的已注册用户。丁志慧和刘伟在研究五菱车友会论坛成员分类中，将经常登录论坛但发帖和积分少、无互动的成员称为阅览者。方陈承通过对以往研究的梳理，根据用户的问答行为，将社会化网络问答社区中的成员分为提问者、回答者、"潜水者"和"搭便车者"四类。他对"潜水者"的定义比 Armstrong 和 Hagel 的要进一步细化，"潜水者"指已注册账号、会时常登录账号并在社区中浏览个人感兴趣的帖子，但仍不会在平台上贡献内容的用户，而那些在平台短暂停留只获取自己想要的信息和知识的用户则被分离出来，这部分用户称为"搭便车者"。总体来说，"潜水者"是虚拟网络交流平台中有着不可替代作用和值得研究的一类成员。

在线术语字典对"潜水者"的定义是"电子论坛中占绝大多数的沉默者，他们从不发表内容或偶尔发表内容，但经常浏览其他人发表的内容"。不同研究者对于"潜水者"的定义存在很大的差异性，他们更多的是根据自己的研究给出解释，因此对"潜水者"尚未形成统一的概念体系。Smith 和 Kollock 定义"潜水者"为网络论坛或虚拟社区中只看帖而不回帖、参与或发布帖的用户群；Nonnecke 定义"潜水者"为电子邮件讨论组中数月未发布内容的人；Leshed 定义"潜水者"为在线交流平台里不说话或不积极的成员；Ridings 认为"潜水者"除了包含沉默者，还应包含那些很少发布内容的参与者。

随着 SNS、社会化问答平台、视频分享平台、维基百科等新兴系统、平台和软件的流行，学者们对于"潜水者"的界定进一步延伸和扩大，在不一样的应用场景里对"潜水者"的界定各不相同。Nielsen 研究指出，在 Web 2.0 时代，许多虚拟知识论坛出现了"90-9-1"的状态——90%的成员贡献度为零，9%的成员间歇性地分享内容，1%的成员分享大部分的内容。赵宇翔等人在挖掘分析了 8 个不同的平台用户生产内容后发现，20%的用户的贡献度几乎没有，而在 CiteUlike、Flickr、YouTube 和雅虎知识堂中,40%的用户生产了90%的内容。由此可见,在国内外的探究中都指出,随着Web 2.0时代发展,"潜水者"的长尾现象明显,"潜水者"的概念需要重新界定。据"虎嗅网"发布的"知乎"用户分析结果可知,"知乎"上80%的人进入后从来都没贡献任何答案,不过这些人并不可以简单地被认为是"沉默群体"或"一言不发"的人,需要联系他们的行为特征与个人特点进行相应的阐述与定义。本章对"知乎"中"潜水者"的识别与分析,是对Web 2.0环境下"潜水者"概念体系的补充与延伸,有助于揭示"潜水者"使用"知乎"平台时的行为规律与行为动因。

(3) 网络"潜水者"的角色划分

由于研究者们对于"潜水者"的定义比较模糊,所以导致了不同"潜水者"类型的出现。我们梳理相关文献,整理了5种主要的"潜水者"类别——持续沉默的"潜水者"、积极转化的"潜水者"、消极转化的"潜水者"、间歇参与的"潜水者"、活跃参与的"潜水者"。

持续沉默的"潜水者"是指那些既不生产内容、也不分享内容,只阅读对自己有用的内容的用户;积极转化的"潜水者"是指那些"潜水"一段时间后,开始逐渐生产内容、参与讨论,慢慢融入虚拟社区的用户;消极转化的"潜水者"是指那些一开始活跃,后来慢慢变得沉默的用户;间接参与的"潜水者"是指那些可能由于个人或者环境因素(工作性质、生活习惯等),时而活跃、时而沉默的用户;活跃参与的"潜水者"是指那些既不生产内容、分享内容,也不参与讨论或者评论,但是会与分享者通过其他通信工具私下积极交流,分享自己的知识或看法的用户。

以上是我们基于前人研究概括出的"潜水者"的分类。由于在不同的社会化网络媒介中"潜水者"的定义和界定有很多不同,并且随着信息技术发展,"知乎"等网络问答平台的长尾现象愈发严重,所以本章试图根据"知乎"平台的一手数据,观察用户特点,寻找适合平台自身对"潜水者"进行分类的依据。

(4) 网络"潜水者"的行为动机分析

① 针对用户行为动机的主要研究方法综述

针对"潜水者"行为动机的研究,一个主要问题是如何挖掘那些会影响到"潜水者"的意图和实际行动的因素。通过对这些因素的把握,平台管理者可以指定相关的政策将"潜水者"进行转化,或者为用户提供更好的参与感受。针对"潜水者"的研究方法还没有系统的总结归纳,因此我们在阅读了对社会化网络问答平台用户行为动机影响因素的相关论文后,总结出表6-1所示的几种常见研究方法,以期能为研究"潜水者"行为提供参考。

表 6-1 对社会化网络问答平台用户行为动机研究的方法

研究方法	方法类型	优点	缺点
扎根理论法	定性研究	① 从访谈资料入手； ② 依据各级编码、译码得到概念范畴和逻辑关系，遵循直接影响向间接影响扩展的路线； ③ 便于绘制出影响用户行为的主范畴模型	① 主观性较强； ② 需要有大量的前期成果当作研究依据
荟萃分析法	定量研究	① 从统计学的角度，在理论研究的基础上，容易转化为相关系数的研究； ② 就社会化网络问答平台用户行为动机来说，可以通过增多样本容量增强统计结果说服力，得出具有普适性的结论	① 需要有大量的前期成果当作研究依据； ② 单纯的定量研究对于社会化网络问答平台用户行为深层次动机缺乏讨论，会掉进"数字陷阱"
内容分析法	定性研究	① 使用文本挖掘、分析等方式，可采集大样本容量数据； ② 客观性强，直接获取社会化网络问答平台的一手数据，不受平台成员或者研究者的主观影响； ③ 主观性强，可用于针对某一特定的平台进行研究	① 分析结果的质量依赖于数据采集的质量； ② 结论往往比较表面，不能深层次地挖掘社会化网络问答平台用户的动机
调研法	定性、定量相结合	① 理论与实践相结合，既有定量分析，又有定性讨论； ② 获得一手资料	① 对于数据的质量有较高要求； ② 主观性较强； ③ 结论受调研环境影响大
个别案例分析法	定性、定量相结合	① 可以发现微观层面的问题； ② 将理论与实践相结合； ③ 可以进行多个案例的对比分析	① 针对性强，不容易发现宏观问题； ② 难操作

② 网络"潜水者"的行为动机综述

对"潜水者"的行为动机探究是至今研究人员对"潜水者"最深入、最全面探索的一个角度。Nonnecke 在对邮件列表组的"潜水者"进行观察时，认为"潜水"动机来源于身份认知、外部环境束缚、用户特性以及群组特性四个方向。Rafaeli 等人认为"潜水"行为受到社会资本和文化资本驱动。Preece 等人提出了影响潜水行为的五大原因：安全隐私、时间限制、个人特点、个人承诺、个人认同与归属感。在之后的研究中，赵宇翔等人借鉴 Shklovski 等人将社会化媒体参与动机分为外因和内因，Bonaccorsi 等人将开源社区程序员参与动机分为经济、技术、社会三个层面的做法，将"潜水者"行为动机进行了归纳分类。在此之后,研究者还提出了文化语言差异性、话题认知度等影响因素,不断丰富和充实了"潜水者"行为动机的研究体系。

通过总结相关研究,我们发现对"潜水者"行为动机的分析总体上可以分为个体因素和环境因素两部分,如表 6-2 所示。

表 6-2 "潜水者"行为动机

因素分类	动机	代表学者	主要观点
个体因素	① 个人需求满足	Preece(2006 年)、Brain Butle(2002 年)	当用户在虚拟社区中仅通过浏览内容就可满足自己的需求时,他们就觉得不必发帖或者参与讨论,从而表现出"潜水"行为;当虚拟社区中的内容无法满足用户需求,而发帖可以获取想要的信息时,用户就会积极参与贡献和讨论
	② 个人特点 ③ 时间问题 ④ 安全隐私问题	Nonnecke 和 Preece(2001 年)	有一些用户因为性格内向而不好意思发帖和参与讨论,从而产生"潜水"行为;还有一些用户因为个人时间问题,没有时间参与讨论或发帖,从而导致"潜水"行为;还有一些用户因为担心积极发表言论会泄露自己的个人信息而给自己造成安全隐患而产生"潜水"行为
	⑤ 个人认同与归属感	Nonnecke 和 Preece(2004 年)、Cliff Lamp(2010 年)	当用户在使用虚拟社区时,如果不能感觉到自己属于社区的一员,往往会选择沉默,从而产生"潜水"行为。当用户认为自己的发言并不能帮助别人,或者看到别人的想法与自己的想法相同时,就不会主动发言,从而产生"潜水"行为
	⑥ 个人专业能力欠缺	Yu-Wei Lee(2006 年)	当虚拟社区中讨论的话题是用户不了解的专业范围时,用户往往会由于自身专业能力欠缺而很难融入社区讨论,从而产生"潜水"行为

续 表

因素分类	动机	代表学者	主要观点
环境因素	① 外部奖励	Shneiderman 和 Preece(2009 年)、Bonaccorsi 和 Rossi(2006 年)	虚拟社区对于用户发表内容或参与讨论给予的奖励会对用户产生刺激,会促使用户产生"潜水"行为或积极参与行为
	② 信息量过载	Nonnecke(2004 年)	随着虚拟社区的泛滥,大量的信息涌现会使用户感到厌烦,从而使用户产生"潜水"行为
	③ 信息价值	Nonnecke 和 Preece(1999 年)	当虚拟社区的讨论话题对于用户来说没有价值、没有意义,无法引起用户兴趣的时候,用户往往会产生"潜水"行为
	④ 组织认同与社区氛围	Soroka(2003 年)	当用户认为虚拟论坛的社交氛围不友好时,会出现"潜水"行为
	⑤ 技术壁垒与交互延迟	Mestan Kucuk(2012 年)	"潜水"行为受到交互延迟的影响
	⑥ 语言文化差异	Bento、Brownstein 和 Kemery E(2005 年)	虚拟论坛的语言文化差异会使用户出现"潜水"行为
	⑦ 工作因素	Nonnecke(2004 年)	有些用户由于自身工作要求不允许在社交网络随意发表言论,从而产生"潜水"行为

不同研究者在对不同的虚拟社区平台及平台用户进行研究时侧重点不同,这是由于各平台之间的差异性导致的。并且,多数的动机研究是基于 Web 1.0 环境展开的,而随着 Web 2.0 的发展,在这些新兴社会化媒介中的"潜水"行为变得更加复杂和丰富。因此,目前关于"潜水者"行为动机的研究还不全面,本章选取"知乎"这一典型社会化网络问答平台进行研究,试图探寻更多"潜水"行为背后的动机。

(5) 网络"潜水者"激励

Lindlof 等人认为,"潜水者"对于虚拟社区没有影响,因为"潜水者"既不积极贡献,也不会掠夺积极贡献者的资源;Nonnecke 等人认为,"潜水者"以"搭便车"的方式分享贡献者的知识,这种行为给虚拟社区的发展产生了消极影响;Ebner 和 Holzinger 认为,尽管"潜水者"没有主动贡献内容,但是"潜水者"会花费大量的时间浏览内容,并对这些内容做出"评价",所以这部分"潜水者"对虚拟论坛的成长起到了推动效果。从平台长远发展角度来看,我们更希望"潜水者"不再潜水,而是向积极参与者、积极贡献者转变。目前专门针对"潜水者"激励的相关研究较少,研究主要是关于采取何种激励方式,如何激励用户贡献内容,哪些因素影响激励效果,等等。

我们梳理相关文献,认为研究者目前提出的激励方式可以分为三大类。第一类是经济激励,即平台提供现金或者优惠券奖励等;第二类是非经济激励,即通过游戏化设计(等级制度、积分等)、可视化声誉(评论数、关注数、点赞数等)等;第三类是联合激励,即采用金钱和社会准则相结合的方式激励,这种方式不仅能促进用户增加贡献内容的数量和频率,也能提升用户贡献内容的质量。

综上所述,研究者们对"潜水者"主要针对"潜水"动机进行了研究,关于"潜水者"的定义并没有给出一个确定的解释,研究对象是广泛的虚拟社区,并没有进行具体的类别划分。随着信息技术的不断发展,在 Web 2.0 环境下的社会化网络问答平台日益流行,"潜水者"占到该类平台用户的绝大多数,他们的行为动机与早期研究者得到的普适性结论是有差异的,另外,早期的研究结论在该类平台的实用性未得到进一步验证,这为本章的探索提供了机会和切入点。

6.2 "知乎"平台简介

1. 社会化网络问答社区

随着网络的普及,人们更倾向选择从网络上得到消息。在这样的大环境下,社会化网络问答平台产生。被广泛接受的社会化网络问答的定义是由学者 Shah 提出的,在他看来社会化网络问答是一种让用户用白话语言表达问题,呈现信息需求的方法,这不同于用户使用搜索引擎时使用关键字查询的方式,而是一种支持普通用户参与回复的论坛。可以看出,社会化网络问答以论坛为基础,让成员通过网络去提问和回答。用户可以向任何人提问,可以从已有的问答互动中获取想要的信息,从而实现用户从群体智慧中受益。

通过梳理社会化网络问答社区的发展历程,可以将社会化网络问答社区的发展分为两个阶段。

第一个阶段是包括"百度知道""新浪爱问"等在内的,让用户自己生成并动态更新问题和答案的网络问答平台。该阶段问答平台在很大程度上是作为某一特定搜索引擎功能的补充,表现出知识性、共享性、众包性以及流动性的特点。

第二个阶段是以 Quora 和"知乎"为代表的平台。与第一阶段不同,第二阶段的社会化网络问答平台更加强调和重视用户的社交关系。因此,第二阶段的平台除了兼具第一阶段平台的特点外,还具有传播性、个性化、社会化等新特点。

迄今为止,大多数对于社会化网络问答社区的研究都没有对其迭代发展进行区分研究,但实际上两个阶段中的社会化网络问答社区在用户特征及行为取向上是有所差别的。

正是基于此,本章将这种差异性应用到互联网"潜水"行为的研究中,想要在前人对"潜水"行为动机的研究基础上深入探究第二阶段的社会化网络问答平台中"潜水者"的特征及其行为动机。

2. "知乎"平台简介

2011年1月26日,"知乎"在中国上线,使用邀请注册制方式。2013年3月,"知乎"向公众开放使用,在短短一年内其正式成员从400 000人上涨至4 000 000人。据华尔街见闻报道,截至2018年11月底,"知乎"用户数已经突破2.2亿,同比上涨102%,问题数超过3 000万,回答数超过1.3亿。

"知乎"已经成为国内最早的、最成功的社会化网络问答平台之一,它将各类行业的成员联系在一起。他们分享着彼此的知识、经验和见解。成员根据自己感兴趣的领域,寻找相关话题进行讨论,找到兴趣爱好相同的用户并关注他们。对于发散思维的聚集是"知乎"的一个特色。

"知乎"成员可以在首页查看问题及回答,并通过"设置""关注问题""添加评论""分享""感谢"和"收藏"等功能参与到自己感兴趣的问题中。在话题页,用户可以关注感兴趣的话题并查看所关注话题下的问题,也可以对所关注话题进行"关注"和"取消关注"操作。在个人主页,可以看到该成员得到的"赞同"数"感谢"数、"关注者"数量等,并且,该成员提过的问题、回答的问题、收藏的日志信息都会在该页面展示。知乎的知识共享机制如图6-1所示。

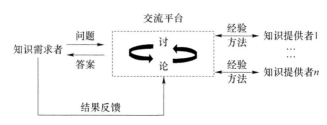

图6-1 知乎的知识共享机制

当有知识需求的用户在学习、工作或生活中遇到无法解决的问题时,可以把问题发布到"知乎"平台上。"知乎"平台上的其他用户看到问题后,则可以作为知识提供者发表自己的看法和经验。提问者源源不断地提问和回答者及时的解答使得"知乎"社区的内容不断丰富。

在"知乎"上线初期,由于采用邀请注册形式,被邀请的用户基本上都是来自各行各业的精英,因此搭建了一个良好的、高质量的社区氛围。随着"知乎"向公众开放注册,用户不断增长,"知乎"把人们的知识、阅历、思想、智慧进行汇集、摩擦、共鸣,最后形成强大的整合传播效应。但与此同时,"知乎"面临着垃圾信息增多、有价值问题占比变小、相似问题泛滥等问题。产生这些问题的原因,归根结底,是因为社区内涌入了一大批不作为的用户。这些用户进入社区后,只进行浏览或者只进行提问,并不贡献回答,我们将这些用户可以称之为知乎社区的"潜水者"。

截至 2014 年 8 月,"知乎"平台拥有本科及以上学历的用户接近 90%,收入在 4 000 多元的用户在 60% 以上,而在 2015 年 2 月,CNNIC 在《中国互联网络发展状况统计报告》提到,收入超过 5 000 元的网民占比不到 12%,由此可见,"知乎"用户的质量较好,也正是因为如此,用户对于差的平台环境的忍耐性更差,更容易沉默或者退出。可见,"潜水者"的大规模出现会对"知乎"平台带来重大影响,因此对"潜水者"的研究是有必要的。

6.3　案例研究设计

1. 样本选择

(1) 样本获取具有随机性和可行性。

由于"知乎"使用了公共编辑制度,所以其话题形成具有任意性。虽然"知乎"给出了话题的上下位关系,设置了父子话题作为参考,不过从用户关注话题的视角去观察,父子话题的关注用户群体是互相独立的,如果只选择某个话题进行用户的获取,结果可能具有偶然性。

另外,"知乎"具有反爬虫机制,在查看某个话题所有关注者的页面时,一次最多只能获取 320 位关注者,只在单一话题下获取用户,可行性有待考察。因此本章决定选取多个话题,在每个话题中获取关注该话题的 320 位用户作为样本。

"知乎"话题关注者列表的排序与用户是否活跃无关,我们在筛选获取到的数据后发现,0 个回答、0 个提问、0 个被赞的用户占到获取用户总数的 20%,这说明了选取话题群下的每个话题关注者列表的前 320 位用户数据作为样本进行研究具备代表性和科学性。

(2) 样本来源广泛。

"潜水者"一般喜欢关注别人、浏览别人的帖子或者发表问题,但是很少回答问题,因此很少获得别人的关注。对于"潜水者"的研究,我们要广泛地获取用户,并且获取的用户要能够代表"知乎"用户的一般特征,因此,本章选取了 100 个"互联网"相关话题的关注用户数据。

"互联网"是覆盖范围非常广泛的话题领域,它包括社会科学领域和自然科学领域。另外,互联网相关的话题同许多其他话题一样已经形成了很长时间,具备一定规模、来源广泛的关注者群体,同时还维持着比较高频率的讨论和回答活动。因此,"互联网"相关话题是一组比较典型的话题群,可以体现出"知乎"平台的一般特征。

综上所述,本章选择 480 个"互联网"相关话题,每个话题获取关注该话题的 320 位用户作为样本,并对这些用户的基本信息等数据进行处理,以便观察、总结"知乎"平台"潜水者"的行为动机和特征。

2. 数据采集

在"知乎"网站话题页面,搜索"互联网",选取搜索结果中的前一百个话题(如图 6-2 所示),单击某个话题的关注者,即可进入该话题关注者页面(如图 6-3 所示),单击某个用户即可进入该用户的个人主页(如图 6-4 所示),在该页面我们可以获取到该用户的回答数量、提问数量、获得的赞同数量以及动态(关注的问题、赞同的回答、关注的话题、回答的问题、提问的问题等)。我们利用 Python 语言,对每个话题的关注者中的前 320 位关注者用户的个人信息进行爬取,最终获取到截至 2019 年 3 月 22 日 480 个话题下共 34 952 位关注用户的相关个人信息——用户名、回答问题数量、提问问题数量、赞同数、最后一条动态的操作、最后一条动态的内容、最后一条动态的时间、第一条动态的操作、第一条动态的内容、第一条动态的时间。

图 6-2 "知乎"页面展示图 1

(1)抓取"知乎"用户的个人信息

从上文我们已经得知可以在用户主页抓取用户的基本信息。图 6-5 最上面的是目标 URL,这个 URL 的组成为 https:///www.zhihu.com/people/whale/activities。

只有"whale"这部分是会发生变化的,它代表着"知乎"用户的唯一 ID,在"知乎"的数据格式中,它的键名称为 urlToken。

我们使用拼接字符串的形式,得到待抓取页面的 URL。

url = '%s/people/%s/answers'%(host, urlToken)

图 6-3 "知乎"页面展示图 2

图 6-4 "知乎"页面展示图 3

我们可以从图 6-5 看出,不用登录"知乎"账号也可以访问用户主页,这就说明在不需考虑模拟登录问题的情况下,就可以自由的获取用户主页面源码。

图6-5 "知乎"页面展示图4

接下来要从用户主页的源码中获取想要的用户数据。查看用户主页的源码可以发现,"知乎"把用户名放到了源码的id="ProfileHeader"的div属性值中;把回答数和提问数放到了id="ProfileMain"的div属性值中;把动态的操作项目、操作时间和操作内容放到了id="Profile-activities"的div属性值中。

我们选择用BeautifulSoup把这些属性值取出来,然后以JSON格式读取,再把数据中集中存储用户数据的部分提取出来即可。如此我们便得到某个用户的个人信息。

(2)抓取"知乎"话题的关注者列表

在上文中,我们已经得知用户个人主页可以通过拼接字符串的形式得到URL,其中拼接的关键是如何获取用户唯一ID——urlToken。我们采用的方法是抓取话题关注者列表,每个话题都会有关注者列表。

和获取个人信息采用同样的方法,我们可以在该页面源码的id="zh-topic-users-list-wrap"的div属性值中找到关注他的用户的唯一ID。有了每个用户在"知乎"的唯一ID,我们便可以通过拼接这个ID得到每个用户的主页面URL,从而进一步获取每个用户的个人信息。

(3)搭建爬虫框架

多线程/多进程只是最大限度地利用了单台机器的性能,如果要利用多台机器的性能,便需要分布式的支持,因此我们搭建了一个简单的分布式爬虫。

我们采用主从结构,即一台主机负责调度、管理待抓取节点,多台从机负责具体的抓取工作。主机是一台外网/局域网可以访问的服务器,从机可以是PC/笔记本计算机/Mac/服务器,这个架构可以部署在外网,也可以部署在内网。

主机上搭建了两个数据库:MongoDB 和 Redis。MongoDB 负责存储已抓取到的"知乎"用户数据,Redis 负责维护待抓取的节点集合。从机上可以运行两个不同的爬虫程序:一个是抓取话题关注者列表的爬虫(list_crawler);另一个是抓取用户个人资料的爬虫(info_crawler)。两个爬虫程序可以配合使用,互不影响。

在主机的 Redis 数据库中一共维护了 5 个节点集合。

waiting:待抓取的节点集合。

info_success:个人信息抓取成功的节点集合。

info_failed:个人信息抓取失败的节点集合。

list_success:关注列表抓取成功的节点集合。

list_failed:关注列表抓取失败的节点集合。

之所以采用节点集合,而不采用队列,是因为节点集合天然地带有唯一性,也就是说,可以加入节点集合的节点一定是集合中没有出现过的节点。这里在 5 个节点集合中流通的节点其实是 urlToken。

他们的关系如下。

从一个 urlToken 在 waiting 节点集合中出现开始,经过一段时间后,它会被 info_crawler 爬虫程序从 waiting 节点集合中随机获取到,然后我们在 info_crawler 爬虫程序中抓取个人信息。如果抓取成功,则将个人信息存储到主机的 MongoDB 中,并将该 urlToken 放到 info_success 节点集合中;如果抓取失败,则将该 urlToken 放置到 info_failed 节点集合中。在下一个阶段中,经过一段时间后,list_crawler 爬虫程序将从 info_success 节点集合中随机获取到该 urlToken,然后尝试抓取该 urlToken 代表的用户的关注者列表,如果关注者列表抓取成功,则将抓取到的所有关注者放入 waiting 节点集合中,将该 urlToken 放到 list_success 节点集合中,而如果抓取失败,则将该 urlToken 放置到 list_failed 节点集合中。

如此,主机维护的数据库配合从机的 info_crawler 和 list_crawler 爬虫程序,便可以循环起来:info_crawler 不断从 waiting 节点集合中获取节点,抓取个人信息,存入数据库;list_crawler 不断地补充 waiting 节点集合。

另外,频繁抓取数据会被"知乎"封 IP(常用的反爬虫手段之一)。通常情况下,如果被"知乎"封了 IP,我们会选择换一个 IP,这样的思想促成了代理 IP 池的诞生。所谓代理 IP 池,是一个代理 IP 的集合,使用代理 IP 可以伪装自己的访问请求,让服务器以为你来自不同的机器。搭建好 IP 代理池服务后,我们便可以随时在代码中获取以及使用代理 IP,用其伪装我们的访问请求。

3. 数据预处理

在整个数据采集的过程中,由于网络错误等原因,出现乱码、数据错误等状况是非常常见的事。整个数据预处理过程我们进行了如下工作。

（1）选用 MySQL 作为数据存储用的数据库。

MySQL 是开源的关系型数据库，被广泛应用在各种数据中心。MySQL 具有使用免费、体积相对较小等优点。所以我们选择把 MySQL 作为数据库引擎。

（2）去除数据中用户信息不完整的相关数据。

在数据采集过程中，并不能确保每个用户的信息都被完全正确地获取，有时可能某个用户的信息全部无法获取，此时程序会将其记录为 0，而这显然是错误的，因此需要去除这些数据。

（4）去除重复的用户数据。

因为我们选择爬取多个话题关注者的用户信息，有的用户可能同时关注了多个我们爬取的"知乎"话题，因此要对这些用户信息进行去重，以保证爬取的每一条用户数据的唯一性。

（3）去除错误、带有乱码的数据。

在采集数据的过程中，有时会由于网络延迟等原因采集到错误数据，而且有的用户由于昵称、个人情况等信息中带有特殊符号等没有办法处理的信息，为了研究的准确性，要去除这些错误数据。

6.4 "知乎"平台"潜水者"的识别及特征

1. "知乎"平台"潜水者"识别

要研究"知乎"平台的"潜水者"，要明确在"知乎"平台里，什么样特质的用户可以被称为"潜水者"。在前面的综述中，我们已经了解到，不同的研究者为了适应自己研究的应用场景，对于"潜水者"的定义各不相同，因此很难在前人的研究中找到适合"知乎"平台"潜水者"的定义。

那么我们将在线术语字典中对"潜水者"的定义"电子论坛中占绝大多数的沉默者，他们从不发表内容，但经常浏览其他人发表的内容"与"知乎"平台的知识共享机制结合，可以认为"知乎"中的"潜水者"应该是从不发帖或者极少发帖的用户。而在"知乎"平台中，发帖主要有两种方式：回答问题和提问问题，那么"知乎"平台的"潜水者"就应该定义为回答问题数量很少、提问问题数量很少的用户。

在本节中，我们分别从提问问题数量较少和回答问题数量较少两个角度去分析用户，最终发现，回答问题数少的用户，其提问问题数量也极少，然后我们又去看了回答问题数少但是有提问问题的用户，发现这类用户的提问质量低，所以这类用户不应该被认为是活跃用户。最终我们确定以回答问题数量作为衡量用户是否为"潜水者"的标准。

① 从提问问题数量和回答问题数量的角度

我们在数据中筛选出 0 回答的用户数、0 回答但是提问过问题的用户数、0 回答但是提问数超过 5 的用户数、0 提问用户数、0 提问但是回答过问题的用户数、0 提问但是回答数超过 10 的用户数,如表 6-3 和表 6-4 所示。

表 6-3 知乎 0 回答用户数量表

0 回答用户数	8 828 人
0 回答 0 提问用户数	6 828 人
0 回答但是提问过问题的用户数	2 000 人
0 回答但是提问数超过 5 的用户数	136 人

表 6-4 知乎 0 提问用户数量表

0 提问用户数	14 495 人
0 提问但是回答过问题的用户数	7 767 人
0 提问但是回答数超过 5 的用户数	2 986 人

可以发现,0 提问但是回答过问题的用户占 0 提问用户总数的比例超过 50%,因此我们不能认为不提问的用户就是"潜水者"。而 0 回答但是提问过问题的用户占 0 回答用户总数的比例不到 25%,0 回答但是提问数超过 5 的用户更是只占到 1%,所以可以认为不回答问题的人大都不提问问题。

② 从提问质量的角度

对于平台本身来说,回答的质量非常重要,在"知乎"平台上,一个用户想要活跃起来并被大家关注,需要经过"回答问题→因为答案的质量优秀而获得赞同→引发别人的兴趣,进而关注自己"三个步骤循环或者交错进行,可以看出一个高质量的用户和他提问数量关联性不大。

我们观察了多位 0 回答但是提出过多个问题的用户,发现这些用户即便提出问题,其问题也大都没有含金量。例如,图 6-6 所示的这个用户,他提出了 105 个问题,我们随机截取了其中的 10 个问题(如表 6-5 所示),可以发现他提出的这些问题很少有人去回答或者去关注,我们有理由认为这种内容贡献是没有意义的。而且这类用户只喜欢提问,不喜欢回答,说明他们在知识共享的过程中,只是索取知识的一方,因此我们认为这类用户应该属于"潜水者"。另外,图 6-6 所示的用户提出这些问题的时间大都在 2011 年和 2012 年,而"知乎"上线就是在 2011 年,距今已有 8 年时间,可以认为这些用户即便在提出问题时是活跃者,现在也已经转化为"潜水者"了。因此,在回答量很少的用户中,提问量较多的用户数据是不用被剔除的。

图 6-6 知乎用户页面

表 6-5 某用户提问内容

内容	回答数/个	关注数/个
对猫没有毒性的攀缘植物有哪些？	6	7
一些微博账号是怎么做到不知不觉被关注的？	1	3
互联网运营意义的流量如何用地道的英文表述？	1	2
杭州有哪些值得一去的家居店？	11	80
截至 2015 年 10 月 11 日，中国国内上市的车型有哪些支持 Carplay？	3	12
本田 S660 试驾是什么体验？	3	27
日本有哪些不需要预约或可以网上预约的米其林餐厅？	4	24
空条承太郎和孙悟空（《龙珠》）战斗，会是一个什么样的过程？	6	12
iOS 中的"健康"应用是如何整合来自不同来源的同一项数据的？	1	3
人类的第一个"餐馆"会是什么样的呢？	2	5

在 2015 年"虎嗅网"发布的《第一次民间版"知乎"用户分析报告》中指出，"知乎"上总共提出了 1 381 317 个问题，撰写了 5 065 386 个回答，如果按照每个问题只有一个回答来计算的话，那么还有超过一半的问题没有人回答，更何况有些热门问题回答数不止一个。由此可见，用户提问问题的成本较低，所以对于"潜水者"来说，他们提出问题比回答问题相对容易，即使是"潜水者"，也可能提出过多个问题，因此把提出问题的数目多少作为衡量一个用户是否为"潜水者"的标准不可取。

由此可见，把提问量作为是否"潜水者"的评价标准是不必要的，所以我们只以用户回答问题的数量作为衡量其是否为"潜水者"的标准。

2. 确定"潜水者"的回答数标准

（1）从回答问题的数量来看

有了定义"知乎"平台"潜水者"的指标，那么具体回答数低于多少的用户可以称为

"潜水者"呢？我先筛选了回答问题数量在10及10以下的用户,这类用户共有22 626人,占到所得数据总数的64.73%,因此可以认为"潜水者"回答问题的个数在10以下。然后,我们筛选了回答数在0到10之间的用户数(如表6-6所示),并做出了累积频数分布图(如图6-7所示)。

表6-6 回答数在0到10之间的用户数

回答问题数/个	0	1	2	3	4	5	6	7	8	9	10
用户数/人	8 828	3 428	2 232	1 661	1 406	1 174	1 014	852	785	633	613

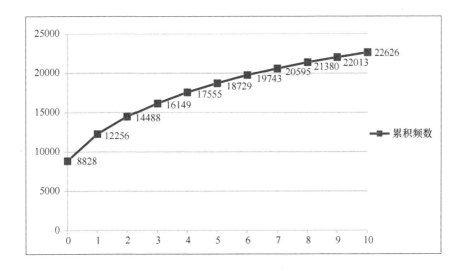

图6-7 回答数在0到10之间的用户累积频数分布图

从表6-6中我们可以发现,随着回答问题数的增长,每一层的用户数在不断下降。因此,在累积频数分布图中,我们可以发现随着回答问题数的增长,图6-7中的折线趋于平缓,显而易见,折线在(2,14488)点处,明显斜率变小。

(2)从回答问题的质量角度

在"虎嗅网"发布的第一版民间"知乎"报告中可知,在获得过赞同的用户中,获得赞同数在0~99的用户占到了89.8%,因此,我们可以说,在"知乎"平台中获得赞同数在100以上的即为高赞用户,其发表内容的质量是很高的。

我们分别计算了在回答问题数在2以下、回答问题数为3、回答问题数为4的用户中点赞数超过100的用户数量,并计算了其占相应级别总人数的比例,具体如表6-7和图6-8所示。我们可以发现,当回答问题数超过3之后,高赞用户的比例骤然上升,也就是说回答问题数大于2的用户回答问题的质量远高于回答问题数在2以下的用户。

表 6-7　统计表

回答问题数	收到点赞数超过 100 的人数	占该级别人数比例
在 2 以下	102 人	0.70%
3	63 人	3.79%
4	70 人	4.98%

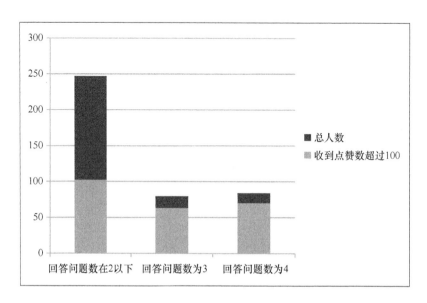

图 6-8　累积频数分布图

因此我选择回答问题数为 2 作为"知乎"平台"潜水者"用户与非"潜水者"用户的分界点,即回答问题数在 2 及以下的用户,就可以认为他是"潜水者"用户。

综上,在 34 952 个数据中,我们一共筛选出了 14 488 个用户为"潜水者"用户,占用户总数的 41.45%。

3. "知乎"平台"潜水者"特征

通过对互联网相关话题下"知乎"平台"潜水"用户常住地、所在行业、毕业院校、职业、回答问题数量、提问问题数量、第一条动态的时间等指标进行统计分析,得到了以下结果。

(1) 身份特征

"知乎"用户的身份特征是原生存在的,这个特征会影响到用户贡献内容的过程。可见,用户的身份特征是研究"知乎"平台"潜水者"不可忽略的一部分。

我们采用系统抽样法,将筛选出来的所有"知乎"平台"潜水者"用户从 1 开始编号,一直到 14 489 号,然后从第 13 号开始,每隔 300 个用户抽取一次,最后一共得到 48 名用户。我们统计分析了这 48 名用户的所在行业、教育水平、工作经历以及住址。

"知乎"的"潜水者"用户在平台上不受别人关注,也没有很强烈地想要获得人气的意愿,他们大都倾向于不公开自己的个人信息。从统计结果可以看到,在这48名用户中,有21名用户的个人信息为空白。

从另外27名用户公布的个人信息中,我们可以发现这些用户均来自一线城市,其中在北京、上海、南京的人数居多。用户从事互联网、咨询分析、自由职业、教育四个行业,其中任职于互联网行业的用户数最多(有14位),而且他们大都毕业于名校(清华大学、华中科技大学、中国人民大学、浙江大学等)。这与刘雨农在《社会化问答平台的社区网络形态与意见领袖特征——以知乎网为例》得到的"知乎"意见领袖个人背景特征相一致。这就说明拥有高等教育水平和良好的生活环境并不是意见领袖的独有特征,即不是说用户具备了这个特征就会愿意在平台上踊跃贡献内容,有些用户即便具有一定的知识储备也会选择"潜水",这个现象背后的原因值得我们深究。

(2) 知识分享行为特征

"知乎"平台上用户知识分享行为包括提问问题、回答问题、关注、评论、分享、收藏和点赞。而在知识分享过程中最直观的行为就是提问问题和回答问题。"知乎"的"潜水者"在知识分享过程中的共性就体现在他们提问问题的数量要大于回答问题的数量,甚至有的"潜水"用户连问题都不会提出,这是"知乎"平台"潜水者"知识分享行为最醒目的特点——具有明显的知识索取倾向。在"虎嗅网"发布的《第一次民间版知乎用户分析报告》中也指出,在350多万"知乎"用户中,0提问、0回答、0关注的"三0用户"有两百多万,这些用户占到用户总数的60%,这些用户便是我们所说的"潜水"用户,他们极少贡献知识,但是会主动搜索和阅读他人贡献的知识。可见,在"知乎"平台上,内容消费远大于内容生产,大部分的用户仅仅是被动接受知识,而不去参与知识分享的过程,这是大多是虚拟社区的基本生态。

(3) 成长性特征

在获取用户进入"知乎"的第一条动态的数据时,我们以爬取50页动态为限,取第50页最后一条动态作为该用户的第一条动态,因此根据前面的分析,我们可以得知"潜水者"大都是不怎么活跃的用户,因此我们可以假设第50页的第一条动态是他们进入"知乎"平台的第一条动态,也就近似地认为是他们进入"知乎"平台的时间。表6-8所示的是每一年进入"知乎"平台的"潜水"用户数。

表6-8 2010—2019年新进入的"潜水"用户数

第一条动态时间	2010年	2011年	2012年	2013年	2014年	2015年	2016年	2017年	2018年	2019年
用户数/人	1	2 635	3 057	3 477	1 732	1 169	901	958	950	608

从图6-9可以看出,新进入"知乎"平台的潜水用户在2010—2013年迅速增长,在2013—2014年陡然下降,之后保持较低的增长趋势。这与"知乎"全网用户的增长趋势正好相反。"知乎"在2013年开放注册之后,新进入平台的用户数量激增,而我们可

以看到，2013年之后新进入"知乎"平台的"潜水"用户数量下降，这就说明"知乎"向公众开放注册之后进入平台的用户活跃度较高，这些用户积极回答问题、贡献内容，而"知乎"开放之前进入平台的用户有很多却逐渐变为了"潜水"用户。这是因为，在2013年之前"知乎"采用邀请注册制，这一阶段进入的用户大都是一些行业精英或者精通某一专业领域的人，而2013年"知乎"向公众开放注册之后，有大批用户涌入平台，这些用户的质量高低不一，导致平台生产的内容质量下降，因此很大一部分通过邀请注册制进来的用户因为"知乎"平台的内容、环境变差，慢慢地变成了"潜水者"，不再发表内容，甚至从此沉默，不再使用"知乎"。

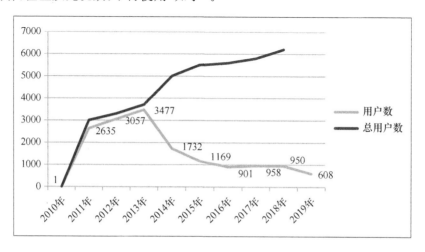

图 6-9　2010—2019年新进入的"潜水"用户数

从以上"知乎"的"潜水"用户的几个特征来看，我们可以觉得以下问题值得深入探讨。

① "潜水"用户的身份特征与总体用户、意见领袖相同，"潜水"用户里面也包含大量的高学历、高收入人群，他们对于相关领域知识的储备量是较高的，但是也选择了"潜水"，这个背后的原因值得探讨。

② "知乎"在开放注册前被邀请进入的用户大都是高质量用户，但是它们在"知乎"开放注册之后选择"潜水"，这其中的原因值得探究。

6.5　"知乎"平台"潜水者"角色的划分及描述

我们通过获取的"知乎"平台"潜水"用户的数据，得到了"潜水"用户在身份、知识分享行为、成长性三个方面的共同特征。从上文中我们可以得知，因为研究人员对"潜水者"定义的分歧，导致"潜水者"具有多样性，由此催生了对"潜水者"分类的研究。"知乎"作为一个社会化极强的网络问答社区，"潜水"用户数量将近占到了用户总数的一半,这其中肯定不乏多种类别的"潜水"行为。不同类别的"潜水"行为的动因肯定各不相同,因此从社区管理的角度来看,只有了解了不同类别"潜水"行为的动因,才能对症下药,从多方面提高用户活跃度和用户黏性。所以本节对"知乎"平台"潜水"用户进行了一个分类,并与以前学者进行的分类做比较,观察有哪些不同。

1. 以最后一条动态的时间为标准进行分类

值得注意的是,"潜水"用户的"潜水"行为并不是一成不变的。每个用户进入"知乎"平台、参与话题讨论、开始发表内容的时间节点各不相同,再加之外界环境的干扰会使用户在不同阶段使用"知乎"平台的动机不同,所以"潜水"用户的角色会随着时间的演变而发生相应的变化。

在"知乎"平台上,如果我们想要从共时的角度对"潜水"用户进行划分,就要用当下的眼光去观察哪些"潜水"用户只看别人发表的帖子却从来不参与互动,哪些"潜水"用户积极地去获取平台上的信息和知识并和他人互动。在"知乎"平台中"潜水"用户和他人互动、参与讨论主要体现在关注了话题、问题、品牌提问、收藏夹、圆桌、专栏,赞同了回答、文章,收藏了回答、文章,参与了 Live 等动态发布。在所获取的一手数据中,我们可以根据"潜水"用户最后一条动态的发生时间来判断其是否活跃,从而把"潜水"用户划分为持续沉默的"潜水者"和活跃参与的"潜水者"。表 6-9 所示的是从已有数据中按年份统计出的"潜水"用户最后一条动态发布的时间。

表 6-9 "潜水"用户最后一条动态发布时间分布表

最后一条动态时间	2011 年	2012 年	2013 年	2014 年	2015 年	2016 年	2017 年	2018 年	2019 年
用户数/人	22	887	779	704	825	865	1 292	4 035	5 078

从图 6-10 可以看出,2018 年、2019 年最后一次发表动态的"潜水"用户数要远大于 2011—2017 年最后一次发表动态的"潜水"用户数。因此我们可以合理地认为发表最后一条动态时间为 2018 年、2019 年的用户为活跃参与的"潜水"用户,其余"潜水"用户为持续沉默的"潜水"用户。并且在"知乎"平台中活跃参与的"潜水"用户数要远大于持续沉默的"潜水"用户数。

(1) 活跃参与的"潜水者"

将最后一次发表动态的时间为 2018 年和 2019 年的"潜水"用户的数据提取出来,共有 9 115 条数据。采用系统抽样法,首先将筛选出来的所有活跃参与的"潜水"用户从 1 开始编号,一直到 9 115 号,然后从第 7 号开始,每隔 900 个人抽取一次,一共得到 12 位活跃参与的"潜水"用户。我们在"知乎"上手动搜索了这 12 名用户最近 5 次发表动态的时间,具体信息如表 6-10 所示。

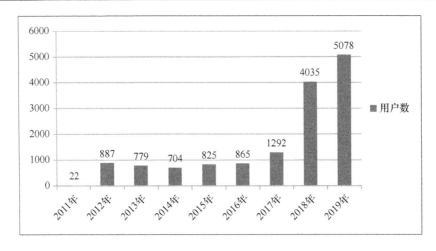

图 6-10 "潜水"用户最后一条动态的发布时间分布图

表 6-10 12 名用户最近 5 次发表动态的时间

用户名	最近五条动态的发表时间				
2262114 夏至	1 年前	5 年前	5 年前	5 年前	5 年前
Wang Hedger	1 年前	1 年前	2 年前	3 年前	6 年前
黄斌达	1 年前	1 年前	2 年前	2 年前	2 年前
日月雪	7 个月前	1 年前	1 年前	1 年前	1 年前
犹豫的捕手	6 个月前	8 个月前	9 个月前	9 个月前	10 个月前
homedown	22 天前	22 天前	2 个月前	4 个月前	5 个月前
Wyyy	18 小时前	1 天前	3 天前	17 天前	20 天前
寒风潇潇	1 个月前	1 个月前	1 个月前	1 个月前	1 个月前
马迪威	29 天前	1 个月前	1 个月前	2 个月前	2 个月前
王若冲	1 天前	2 天前	4 天前	4 天前	7 天前
赵金伟	4 个月前	2 年前	3 年前	3 年前	3 年前
左曳	4 个月前	1 年前	1 年前	2 年前	2 年前

从表 6-10 可以看出,活跃参与的"潜水"用户会通过点赞、收藏、关注等操作表明自己在关心某个话题或者问题,这与 Takahashi 和 Willett 的观点有相同之处。不同之处在于,Takahashi 和 Willett 认为活跃参与的"潜水者"会通过其他通信工具私下与分享者交流,分享自己的知识和看法,但是在"知乎"平台上,活跃参与的"潜水"用户只会表达对某些内容的认同,但是不会去分享自己的看法。

另外,虽然这些活跃潜水用户都在 2018 年以后发表了动态,但是他们发表动态的频率是不一样的。例如,2262114 夏至、Wang Hedger、黄斌达、赵金伟、左曳这几个用户,他们虽然有动态,但是每年可能只有两到三条。这和他们不经常登录平台有关,他们使用"知乎"的动因更多的是为了满足个人需求,当自己遇到想要解答的问题、想要了解的话题时才会登录平台,其余时间则不会过多的浏览相关内容。而对于犹豫的捕手、homedown、寒风潇潇、马迪威这几个用户,他们每隔一两个月就会有动态。这种行为在很大程度上和用户的工作性质有关,他们因为个人时间原因,并没有时间过多的参与回答、讨论等,因此造成了"潜水",但是一旦有闲暇时间,他们就会到平台上来看一些感兴趣的帖子并点赞、收藏或者关注。对于 Wyyy、王若冲这类用户,他们几乎天天有动态。这种行为的动因应该是他们对"知乎"平台的内容非常认可,具有个人认同感与归属感,但是可能是因为工作性质不允许在互联网上发表言论或者是因为觉得自己专业能力不够,他们从不在平台上发表自己的言论,只是默默地关注别人发表的内容。

(2) 持续沉默的"潜水者"

除去活跃参与的"潜水者",其余的就是持续沉默的"潜水者"。在"知乎"平台上持续沉默的"潜水者"是指在 2018 年、2019 年都没有过动态的"潜水"用户,在获取的所有用户中共有 5 375 位这样的用户。

这些用户中包含两种不同类型的"潜水者"。第一种是那些对"知乎"平台不具有个人认同感与归属感的用户,他们有的认为在网络上随意留下痕迹是不安全的,有的因为性格过于羞涩而不愿意与他人发生任何互动,从而做出了只浏览,不发帖也不点赞、不关注的行为;第二种是那些完全放弃了"知乎"平台的沉默用户,他们有的是因为觉得"知乎"在开放注册后整个平台的内容质量下降,社区环境变得不好,有的是因为"知乎"根据用户经常浏览社区向用户智能推送消息,但是他们更想看到多样的、不熟悉的领域知识,因此这类"潜水"用户对"知乎"丧失了兴趣,不再使用该平台。

2. 以第一条与最后一条动态时间差为标准进一步分类

我们把得到的"潜水"用户数据中的用户最近一次发表动态的时间和用户进入社区后第一条动态的时间作差,那么结果为 0 的用户即为进入"知乎"后只发表过 1 条动态的用户。最终发现,在 9 114 个活跃参与的"潜水者"中只有 664 个只有 1 条动态的用户,在 5 374 个持续沉默的"潜水者"中共有 1 767 个只有 1 条动态的用户。

因此,如果从用户进入"知乎"平台以后的时间轴角度来观察,可以把持续沉默的"潜水者"进一步分类。

(1) 完全沉默的"潜水者"

第一种是进入平台后就没再有过动态的用户,我们可以称之为完全沉默的"潜水者"。而从上文的数据统计中,我们也能发现活跃参与的"潜水者"中也有一小部分用户属于完全沉默的"潜水者",因此,这部分用户要从活跃参与的"潜水者"中分离出来,划分为完全沉默的潜水用户。

(2) 消极转化的"潜水者"

第二种就是进入平台后当过一段时间活跃参与的"潜水者",但是后来由于种种原因他们不再产生动态,变成了持续沉默的"潜水者",我们称之为消极转化的"潜水者"。

在消极转化的"潜水者"中,有32.99%的人回答过问题,得到赞的人占14.49%,但是只有6个有高赞回答。

(3) 积极转化的"潜水者"

在活跃参与的"潜水者"中,回答过问题的人有45.13%,得到赞的人有22.93%,获得高赞的人数有85个,可以看出,活跃参与的"潜水者"回答过问题的人数比例比消极转化的"潜水者"的要高,得到赞的比例也高,我们可以理解为,活跃参与的"潜水者"在尝试着回答问题之后,获得了较高的点赞,得到激励后,在平台上浏览更多的信息,再去回答问题,这符合从低活跃度用户成为一个活跃参与者、甚至"知乎大V"的流程,因此这些用户应该被称为积极转化的"潜水者"。

Willett曾在研究交互式邮件列表时提出,主动"潜水者"和被动"潜水者"的区别,那些直接接触互动邮件而获得信息或知识的"潜水者"称为主动"潜水者",而那些只为了自己使用而阅读邮件的"潜水者"称为被动"潜水者"者。但是Takahashi在研究中提出了不同的意见,他认为Willett所说的被动"潜水者"中有一部分成员虽然不会主动获取信息,但是会将从在线社区获取的信息和知识传播给在线社区以外的人群,从而影响他们的行动,所以这部分"潜水者"也应该被分类为主动"潜水者"。而其余的被动"潜水者"可以被分为两种类型——主动"潜水者"候选人和持续被动"潜水者"。

从一个网络社区平台管理者的身份来考虑,对于Takahashi所认为的那些能够把社区中的信息和知识传播到社区以外,从而影响社区外的人的"潜水者",虽然他们在平台之外是一个活跃的人,但是他们依然没有给平台贡献内容,在本质上并没有促进平台的正向发展,所以我们还是赞同Willett的说法——这些"潜水"用户应该被划分为被动"潜水者"。

综上所述,在综合考虑了"知乎"平台"潜水"用户第一条动态和最后一条动态发布的时间、回答数、被点赞数之后,我们最终把"潜水"用户分为了三类——完全沉默的"潜水"用户、消极转化的"潜水"用户、积极转化的"潜水"用户。

6.6 研究总结

1. 研究结论

从对"知乎"平台"潜水者"的研究中可以得到以下三点结论。

第一,在"知乎"平台上,提问问题数量对于衡量一个用户是否为"潜水者"没有参考价值,当用户的回答数在2及以下时,就可以认为这个用户是"潜水者"。

第二,"知乎"平台"潜水者"用户的身份特征与全网统计相同,以本科毕业、从事较体面工作的人居多,他们大都不喜欢回答问题,许多高质量的老用户因为难以忍受变差的平台环境选择"潜水"。

第三,我们从时间轴和用户质量的角度综合考虑,把用户分为三类。第一类是完全沉默的用户,这类用户进入平台后就再也没有了动态;第二类是消极转化的用户,这类用户进入平台后曾经活跃过一段时间,但是后来不再发表动态,这类用户的质量相对较低;第三类是积极转化的用户,进入平台后一直活跃浏览信息,尝试回答问题,并且有相当一部分问题得到了其他人的认同,逐渐向活跃用户转化。

2. 提出建议

社会化网络问答社区作为 Web 2.0 环境下催生的一种新型社交模式,既满足了人们对知识的渴求,又可以实现人与人之间的沟通,因此受到越来越多的人的追捧。正是基于此,与"知乎"功能类似的社会化网络问答平台出现了很多。"潜水者"对于虚拟社区非常重要。"潜水者"是论坛、博客和其他以计算机为媒介的社交网络平台的交流渠道的受众,就像电视和其他大众媒体渠道吸引受众主要是为了商业动机一样,互联网媒介渠道也应该有自己的受众研究。我们需要了解"潜水"行为,不仅是为了让人们开始参与互动,不再"潜水",而且是为了能够创造出虚拟的空间,即使对"潜水者"来说,这些空间也是愉快和有趣的。

那么对于"知乎"来说,如何提高用户分享内容的积极性、增强用户黏性成为其发展中最重要的问题之一。而本章对"潜水者"的分类,能让"知乎"更好地针对每一类型的"潜水"用户设计规则,提高他们的积极性。接下来是我们对"知乎"平台提出的几点建议。

(1) 提高内容质量

"知乎"在开放注册之后,大量用户涌入,而"知乎"缺乏对内容的把关,造成了"知乎"上发表的内容质量下降。因此"知乎"应该完善其评价体系,减少不好的内容,从而使整个平台的环境更加纯洁。"知乎"还应该考虑把类似注册邀请制的形式变相地再使用,保证一些高质量用户在平台上的体验,以便他们发表高质量的内容,带动整个社区内容的提升。

(2) 减轻智能推荐的力度

随着智能推荐技术的风靡,"知乎"大量使用该技术,因此用户在进入平台后只浏览了几个问题时,平台就会向用户大量推荐这一类问题,导致用户无法看到其他方面的知识。作为一个知识分享平台,应该让用户更全面地去获取一些隐性知识,这样用户体验才会更好,而不是一味地只推荐一类问答,这样容易造成用户疲惫。

(3) 增加争议解决机制

一些用户选择"潜水",在很大程度上是因为害怕自己说错被别人责骂。"知乎"应该建立相关机制,设立"知乎法庭",对那些侵犯别人权益、发表不合适言论、违反"知乎"精神的行为进行审判和处罚,从而整体提高社区环境,让用户在社区内放心发表内容。

3. 未来展望

研究"知乎"平台用户的"潜水"行为是非常具有挑战性的,因为在研究过程中涉及的很多问题与隐私有关,我们难以收集数据并且无法接近实际用户,例如,在本章的研究中,我们就是用了 Python 去获取大量"知乎"用户的数据,但是因为时间原因和技术壁垒,只简单地获取了用户的基本信息和最后一条动态与第一条动态发布时间的信息。互联网逐渐成为一种商品并且其技术在不断发展,收集"潜水"用户数据的机会将越来越多,这些先进的技术预示着一场新的革命——一个完全记录用户在网络上所留下痕迹的时代。因此对于"潜水者"的研究,我认为未来的工作有两个方向。

第一,实际上,在从时间轴的角度对"知乎"平台"潜水者"进行分类时,如果要深入分析积极转化的"潜水者"和消极转化的"潜水者"的特征及其动因,最好的办法是追踪用户活动的信息。用户发表动态的时间、内容、兴趣范围等都要记录下来,并且需要长时间地跟踪,这样才能更深入地去发掘用户的特点。

第二,不仅要记录关于用户活动的信息,而且要能够使用它来改进业务流程和社区动态,这一点非常重要。那么我们在不侵犯用户隐私的情况下,可以使用社交网络分析等工具,分析用户的行为模式,并发现用户与其他人之间的联系。例如,一起在同一个论坛发帖的用户可以认为比在一起阅读同一篇帖子的用户拥有更强的关系。有的两个人会在一个论坛一起发帖,但是在另一个论坛时可能其中一个人喜欢发帖,一个人"潜水",这种现象值得我们去深入研究,以期给社会化网络社区的发展、构建提供参考。

本章参考文献

[1] 中国互联网络信息中心,李静. 第 41 次《中国互联网络发展状况统计报告》发布[J]. 中国广播,2018(3):96.

[2] 蒲青. 虚拟社区潜水者的准社会互动研究[D]. 重庆:西南财经大学,2011.

[3] 刘江,赵宇翔,朱庆华. 互联网环境下潜水者及其潜水动因研究综述[J]. 图书情报工作,2012,56(18):65-72.

[4] 白丽群. 虚拟兴趣社区潜水者与发帖者知识共享意愿研究[D]. 天津:天津大学,2016.

[5] Rafaeli S, Ravid G, Soroka V. De-lurking in virtual communities: a social communication network approach to measuring the effects of social and cultural capital[C]// 37th Annual Hawaii International Conference on System Sciences. Big Island:IEEE, 2004.

[6] Soroka V, Rafaeli S. Invisible participants: how cultural capital relates to

lurking behavior[C]// Proceeding of the 15th International Conference on World Wide Web. Edinburgh:[s. n.], 2006.

[7] 刘伟,丁志慧. 基于参与行为的兴趣型虚拟社区成员分类研究[J]. 商业研究, 2012(11): 92-95.

[8] 方陈承,张建同. 社会化问答社区中用户研究的述评与展望[J]. 情报杂志, 2018(9): 185-193.

[9] Nonnecke B, Preece J. Lurker demographics: counting the silent[C]// Proceedings of the CHI 2000 Conference on Human factors in computing systems. Hagne: [s. n.], 2000.

[10] Takahashi M, Fujimoto M, Yamasaki N. The active lurker: influence of an in-house online community on its outside environment [C]//Proceeding of the 2003 International ACM SIGGROUP Conference on Supporting Group Wrok, GROUP 2003. Sanibel Island:[s. n.], 2003.

[11] Nonnecke B, Andrews D, Preece J. Non-public and public online community participation: needs, attitudes and behavior [J]. Electronic Commerce Research, 2006, 6(1):7-20.

[12] 张宝生,张庆普. 基于扎根理论的社会化问答社区用户知识贡献行为意向影响因素研究[J]. 情报学报, 2018, 37(10): 68-79.

[13] Yu J, Jiang Z J, Chan H C. The influence of sociotechnological mechanisms on individual motivation toward knowledge contribution in problem-solving virtual communities [J]. IEEE Transactions on Professional Communication, 2011, 54 (2):152-167.

[14] 赵宇翔,朱庆华. Web 2.0 环境下影响用户生成内容的主要动因研究[J]. 中国图书馆学报, 2009, 35(5): 107-116.

[15] Hsu C L, Lin C C. Acceptance of blog usage: the roles of technology acceptance, social influence and knowledge sharing motivation [J]. Information and Management, 2008, 45(1):65-74.

[16] Preece J, Nonnecke B, Andrews D. The top five reasons for lurking: improving community experiences for everyone [J]. Computers in Human Behavior, 2004, 20 (2):201-223.